소크라테스는
한번도
죽지 않았다

친구와
함께 읽는
고전
001

소크라테스는 한번도 죽지 않았다
–《변론》단단히 읽기

펴낸날 | 2017년 8월 31일
2쇄 | 2018년 5월 15일

원저 | 플라톤
지은이 | 이양호

편집 | 김관호, 윤정인
일러스트 | 박혜진
디자인 | 랄랄라디자인

펴낸곳 | 도서출판 평사리 Common Life Books
펴낸이 | 홍석근
출판신고 | 제313-2004-172 (2004년 7월 1일)
주 소 | 경기도 고양시 덕양구 중앙로558번길 16-16. 710호
전 화 | 02-706-1970   팩 스 | 02-706-1971
전자우편 | commonlifebooks@gmail.com

이양호 ⓒ 2017
ISBN 979-11-6023-225-7 (03160)
ISBN 979-11-6023-224-0 (세트)

친구와
함께 읽는
고 전
001

소크라테스는 한번도 죽지 않았다

《변론》 단단히 읽기

플라톤 원저 | 이양호 지음

평사리
Common Life Books

일러두기

• 《소크라테스의 변명》으로 많이 알려져 있지만, 원제인 *Apologia*의 뜻을 살려 《변론》으로 표기하였습니다.
• 인명과 지명은 〈한글맞춤법 외래어 표기법〉에 따랐으나, 일부는 원어 발음을 살려 표기했습니다. 아테네, 트로이, 델피, 그리스는 영어식 발음을 따랐습니다.
• 각주와 괄호 안 설명은 지은이가 붙인 것으로 따로 명기하지 않았고, 편집자가 붙인 것은 '(—편집자)'라고 표기했습니다.

들어가는 글

"캐묻지 않는 삶은 살 가치가 없다." 소크라테스의 삶을 통째로 응축한 말이다.

역사학자인 베터니 휴즈는 《아테네의 변명》에 "소크라테스는 어린 시절부터 자신을 둘러싼 세상에 질문을 던지기 시작했다"라고 썼다. 그에 따르면 소크라테스는 유별난 아이였다. 아버지가 델피에 가서 "이 아이를 어떻게 키워야 하느냐"며 신탁을 물어야 할 정도였다. 신탁은 말해 주었다. "아들이 마음에 떠오르는 대로 뭐든지 하게 놔두어라. 그의 뜻을 얽어매지도 바꾸지도 말고, 있는 그대로 두어라."

소크라테스는 석수장이인 아버지를 따라 돌을 쪼고 다듬는 일을 해서 돈을 벌기도 했지만, 거기에 마음을 붙이지 못했다. 그래서 당대의 지식인인 '자연과학자' 아르켈라오스를 스승으로 모셨다. 어느 날이었다. 한 사람이 자연과학자인 아낙사고라스의 책을 낭독하고 있었다. 그의 입을 통해 나온 "만물에 질서를 부여하는 것은 지성"이란 소리가 소크라테스의 귀를 파고들었다. 이 책이면 자신이 품고 있는 의문덩어리, "그것이 무엇이 되었건 각각의 것에 있어서 가장 좋은 상태는 어떤 상태인지"를 풀어줄 것 같았다. 소크라테스는 서둘러 아낙사고라스의 책을 구입해 읽었다. 그러나 그의 물음은 풀리지 않고 여전히 맴돌 뿐이었다. 아낙사고라스의 논의는 번지수를 전혀 못 찾고 있다고 생각했다. 그래서 자연과학을 떠났다.

소크라테스는 물음과 배움에의 열정을 그만둘 수 없었다. 그때 가장 지혜로운 사람으로 여겨졌던 소피스트 '프로타고라스'를 만나 좌충우돌하며 논쟁하기도 했다. 프로타고라스의 대화 방식이 맘에 안 든다며 자리를 박차고 나가버리기도 하고, 소크라테스답지 않게 억지와 궤변 같은 소리를 늘어놓기도 했다. 소피스트와의 만남도 그의 의문덩어리를 없애주진 못했다.

'사람이 어떤 모습이었을 때 가장 좋고 아름다운지, 그래서 어떤 모습으로 살아야 하는지'를 풀지 않고선, 뭘 안다고 할 수도 없는데 이게 영 풀리지 않았다. 이 의문덩어리를 풀었을 때라야, 그것을 기반으로 다른 것의 좋고 나쁨을 판단할 수 있다고 생각했다. 자기 존재 의미를 모르면, 다른 것의 존재 의미도 알 수 없다. 그런 사람은 무력감에 휩싸인다. 절망에 옴짝달싹 못하고, 허무의 파도 앞에 자신을 그냥 내맡긴다. 소크라테스에게도 그런 시간이 있었을 것이다.

어느 날이었다. "소크라테스보다 더 지혜로운 사람은 없다"는 신탁이 들려왔다. 그는 다시 한번 고요한 열정으로 물었다. "이 수수께끼는 도대체 뭔가? 나는 정말이지 조금도 현명하지 못하다. 내 스스로도 그것을 잘 알고 있다. 그런데도 신은 내가 이 세상에서 제일 지혜로운 자라고 했으니, 그 뜻이 있을 게 아닌가?" 당혹스런 시간이 계속되었다.

소크라테스는 자기보다 더 현명한 사람을 찾아내, 그 당혹스런 신탁으로부터 벗어나기로 했다. 스스로 잘났다고 우쭐해하는 정치인, 창조자로서 명성이 드높은 시인, 실생활에 보탬을 주는 수공업자를 찾아갔다. 소크라테스가 물으면 물을수록 그들 대부분은 자기들이 직업으로 삼은 것에 관해서조차 잘 모르고 있었다. 아는 사람이 있긴 했지만 겨우 자기 직업에 관한 것을 아는 정도일 뿐이었다. 그러면서도 그들은 '앎이 있다'고 자부하고 있었다. 또 한번 물음의 순례를 마친 뒤, 소크라테스는 결론을 내렸다. "나는 모른다는 사실을, 나는 알고 있지 않은가!" 드디어 소크라테스에게 '앎'이 열렸다. 삶의 큰 봉우리를 얻은 것이다.

하지만 물음은 계속되었다. 그렇기로서니, 신께서 굳이 "소크라테스보다 더 지혜로운 자는 없다"는 말을 할 필요가 없지 않은가! 소크라테스는 또 물었다. '왜 그렇게 말했을까?' 어느 날 그에게 번개처럼 깨우침이 왔다. '아, 인간들의 앎이 가지는 어찌할 수 없는 한계를 알려주고 싶으신 거였구나!'

이제 그의 삶은 사명감으로 가득 찼다. 그는 잘났다고 뻐기고 모든 것을 아는 것처럼 여기는 사람들을 만나, 그들의 앎에 얼마나 큰 한계가 있는가를 지적했다. 그 당시 아테네인들에게 그들의 한계를 까발리는 것은 위험했다. 그들의 자신감은 하늘을 찌르고 있었기 때문이다. 무시무시하다고 여겨졌던 페르시아를 마라톤 전투에서 물리치고, 살라미스 해전에서 완전히 박살내 그리스 땅에서 몰아낸 아테네인이었으니, 그런 자신감을 갖는 게 당연했을지도 모른다.

하지만 자신을 되돌아보지 않는 자신감이 오만으로 바뀌는 데 시간이 많이 걸리지는 않는다. 아테네인이 그랬다. 그들은 모든 그리스인의 교사를 자처했다. 다른 그리스인들은 아테네인을 향해 '참견쟁이'라 하고 있는데도 그랬다. 너무 자신감에 찬 나머지 자기를 제대로 볼 수 없었던 것이다. 이쯤 되면 백약이 다 무효다. 오만이 끝까지 자라 스스로 파멸하는 수밖에 없다.

이런 아테네인들에게 소크라테스는 딴지를 걸었다. "네 자신을 알라!" 자기 자신을 이미 잘 알고 있어서 그럴 필요조차 느끼지 못하는 이들에게, 소크라테스는 꼬치꼬치 캐물었다. 소크라테스 자신이 앎을 얻기 위해 썼던 방법이었다. 꼬리에 꼬리를 무는 물음이 끝도 없이 이어졌다. 소크라테스 자신이 앎을 얻기 위해, 새벽녘부터 하루를 꼬박 지나 다음 날 해가 떠오르는 때까지 한 곳에 붙박이처럼 서서 물었던 적도 있다. 벗과 함께 비극작가인 아가톤의 집으로 가던 길에, 어떤 것에 관한 물음이 떠올라 그냥 우두커니 서서 물음에 물음을 이어가다가 만찬이 한참 진행된 뒤에야 들어갔던 적도 있다.

물론 다른 사람에게 묻는 것과 자신에게 묻는 것은 약간 다를 수밖에 없다. 다른 사람에겐 그가 묻고 다른 사람이 답했으나, 자기 자신에겐 스스로 묻고 스스로 답했다. 당시에는 학생이 묻고 선생이 답하는 게 일반적이었으나, 소크라테스는 반대로 했다. 이른바 '산파법'이다. 임산부가 아이 낳는 것을 산파가 도와 아이를 세상에 태어나게 하듯, 학생 스스로 자신 속에 있는 앎을 깨치게 하는 방법이다.

일반 사람들이 이 과정을 진득하니 따라가는 것은 쉽지 않다. 게다가 자기 자신이 알고 있다고 여기던 것들은 무참히 깨지고, 대신 엉뚱하다고 여겨지는 것을 받아들여야 했으니, 소크라테스와 '묻고 답하는 것'을 싫어하는 사람들이 대부분이었다. 심지어는 그에게 적개심을 품기까지 했다. 페르시아를 몰아낸 뒤, 동맹국들을 쥐어짜서 이룬 풍요와 번성함을 누리며 자기 잘난 맛에 사는 아테네인들이었기에 소크라테스의 말은 너무도 멀게 느껴졌다.

"젊은이건 늙은이건 간에 자신의 육체와 재산이 아니라, 자신의 영혼이 최선에 이르는 것에 가장 큰 관심을 쏟아야 한다. 재산에서 사람의 훌륭함이 나오는 것이 아니라, 사람의 훌륭함으로 인해 재산과 그 밖의 모든 것이 좋은 것이 되기 때문이다. 훌륭하고 지혜로워지도록 하는 일에 마음을 쓰기 전에는 자신의 소유물에 마음을 두지 말아야 한다."

"캐묻지 않는 삶은 살 가치가 없다."

우두커니 서서 '사람이 어떤 모습이었을 때 가장 좋고 아름다운지, 그래서 어떤 모습으로 살아야 하는지' 하며 물음을 이어간 끝에 내린 결론이었다. 결론을 내린 순간은 아마도 하루 낮과 밤을 꼴딱 넘기며 물음을 이어갔던 그때였을 것이다. 스물네 시간을 넘기며 한 자리에 붙박이처럼 서서 맹렬하게 생각한 끝에, '떠오르는 해에게 절을 하고 그 자리를 떴다'고 하니, 생각에 가닥이 잡힌 순간이었을 것이다.

그때 소크라테스는 포티다이아 전투(기원전 432년)에 참전하고 있었다. 아테네 군대는 포티다이아 성을 2년이나 에워싸고 성 밖으로 가는 길은 몽땅 막았다. 성 안 주민들은 사람고기를 뜯어먹고 살아야 했다. 눈이 있는 이라면, 차마 눈 뜨고 볼 수 없는 그런 광경을 소크라테스 자신이 아테네 병사가 되어 만들었던 것이다. 이런 지옥을 만들던 어느 날 새벽, 그는 보초를 선 그대로 그날 낮과 밤을 지나 다음 날 해가 떠오를 때까지, 그렇게 꼼짝하지 않고 자리에 그 대로 선 채 움직이지 않았다. 물음의 끈을 붙들고 끈질기게 밀어붙이고 있었다. 목숨을 건 용맹정진이었다. 전우들이 소크라테스의 그런 모습을 구경하려 몰려들었지만 그의 눈엔 들어오지 않았다.

그 뒤, 어느 날인가부터 소크라테스는 말했다. "자신의 욕망이든 다른 사람의 욕망이든, 욕망을 충족시켜 주는 것이 참된 덕이라면 페리클레스는 훌륭한 사람이겠죠. 하지만 참된 덕이란 것이 사람을 더 훌륭하게 만드는 욕망으로 채워주는 일이라면, 사람을 더 못하게 만드는 욕망으로 채워주는 페리클레스는 덕을 가진 사람이 아니겠지요."

"페리클레스는 나랏일에 훌륭한 자가 아닙니다."

페리클레스가 누군가? 그는 아테네인의 사랑을 받아 십수 년 동안 제1시민의 자리를 지켰고, 30년 넘게 아테네의 지도자로 있었다. 그런 사람을 소크라테스가 비판한 것이다. 하지만 페리클레스는 아테네의 실직적인 독재자였다. 《펠로폰네소스 전쟁사》를 지은 투퀴디데스가 "대중이 그를 인도한 것이 아니라 페리클레스가 그들을 인도했다. (……) 이름은 민주주의였지만 실제 권력은 제일인자의 손에 있었다"라고 할 정도였다. 사실 그는 제국주의 정책을 추진하여, 그리스 세계를 전쟁통 속으로 빠뜨린 데 가장 큰 책임이 있는 사람이다. 아테네인은 자신들의 욕망이 무엇이 되었건 그것이 채워지길 바랐다. 그 욕망을 이루어줄 사람으로 그들은 페리클 레스를 치켜세웠다. 심지어는 이웃나라를 초토화하면서까지도 그 렇게 하는 것에 찬성표를 던졌다. 이런 아테네인들에게 소크라테 스는 그의 온 삶이 담긴 말을 전해 주었다.

"사람들은 아테네인들에게 호화로운 잔치를 베풀고 그들이 욕 망해 온 것들로 진수성찬을 차려준 사람들(페리클레스 등)을 칭송하 고 있소. 그들이 나라를 위대하게 만들었다고들 하지요. 그들 때문 에 나라가 붓고 속으로 곪아 염증이 생겨났다는 걸 깨닫지 못하고 있단 말이오. 그들이 절제와 정의를 갖추지 않은 채 항구들과 조선 소들, 성벽들 그리고 동맹국을 짜 눌러 받은 돈과 같은 하찮은 것들 로 나라를 가득 채웠기 때문에 나라가 속으로 곪았소. 그런데도 이 질환의 발작(자기를 더 살찌우기 위해 이웃나라를 침략하는 것, 즉 땡땡 부은 나라를 발작적으로 추구하는 것)이 일어날 때 사람들은 조언자들(절제되 고 정의로운 나라여야 한다고 주장하는 사람들)은 탓하고 나쁜 것들의 원 인인 페리클레스는 칭송하지요."

오만에 찬 아테네인들은 소크라테스의 말을 받아들이지 않았다. 하지만 그런대로 그의 깨물음과 말을 견뎌냈다. 그래야 문명인이 라는 것을 입증한다는 듯이, 자못 진지한 채 빈정거리며 참았다.

그런데 어느 순간 증오심이 거리에 넘쳐났다. 거언 30년에 걸친 스파르타동맹 측과 벌인 전쟁에서 패한 뒤부터, 아테네의 분위기가 살기등등해졌다. 하늘도 보이지 않던 자존심이 내동댕이쳐지자, 그들은 반성한답시고 패전의 희생양을 찾으려들었다. '신을 믿지 않고, 젊은이들이 타락해서 아테네가 이 꼴이 되었다'며 구덩이를 파고서, 그 구덩이에 넣을 사람을 찾았다. 젊은이들의 벗이자 스승인 소크라테스가 보였다. 아테네인들은 합심하여 그를 구덩이에 밀어 넣었다. 소크라테스는 구덩이 속에서도 의연히 아테네인들의 무지를 깨우쳤다. 하지만 소크라테스의 말은 희생양을 찾던 그들의 가슴을 파고들지 못했다. 소크라테스는 담담하게 말했다.

"이제 떠날 시간입니다. 제 앞에는 죽음으로의 길이, 여러분 앞에는 삶으로의 길이 놓여 있습니다. 어느 길이 더 나은지는 오직 신만이 아십니다."

《변론》은 소크라테스의 법정 기록물이 아니다. 플라톤이 쓴 책이다. 그러면 허구가 듬뿍 들어간 창작물인가? 그렇지는 않을 것이다. 플라톤은 분명 소크라테스가 하는 변론을 그날 그 자리에서 들었다. 하지만 플라톤에 의한 각색을 떠올리지 않을 수 없다. 플라톤이 젊었을 때 많은 비극 작품을 썼다는 점을 감안하면, 이 작품을 법정 드라마로 여기고 싶은 마음을 그냥 누르기 쉽지 않다. 그리고 소크라테스 재판에 대한 크세노폰의 책 《소크라테스 회상》,《변론》과 플라톤의 책 《변론》이 그 결을 달리하기 때문이다.

그럼에도 우리는 플라톤이 보여준 소크라테스를 따라 그림을 그리지 않을 도리가 없다. 현대 서양철학의 지성 러셀이 《서양철학사》에서 플라톤과 크세노폰의 소크라테스 재판에 대한 각기 다른 보고서를 두고 한 말을 부정할 도리가 없기 때문이다.

"현명한 사람에 대한 우매한 자의 보고는 결코 정확할 수 없다. 왜냐하면 무의식적으로라도, 그가 들은 바를 자기 이해력 안으로 구겨넣어서 해석하기 때문이다.(A stupid man's report of what a clever man says is never accurate, because he unconsciously translates what he hears into something that he can understand.)"

《변론》은 크게 세 부분으로 되어 있다. 먼저 자신은 죄가 없다며 소크라테스가 변론하는 부분, 다음은 유죄 판결이 난 뒤 자기에게 적절하다고 생각되는 형량을 제안하는 부분, 마지막은 사형판결이 내려진 뒤 사형에 찬성한 자와 반대한 자에게 따로따로 남긴 소크라테스의 말로 되어 있다.

전체적으로 보면 《변론》은 소크라테스 스스로 자신의 삶을 돌아보며 아테네인에게 들려주는 말인데, 울림이 가득하다. 지금 우리에게도 들려주는 천둥 같은 소리라 여겨진다. 《변론》이 한 번도 고전임을 의심받지 않은 까닭이리라.

《변론》, 《오이디푸스 왕》 등 여러 고전을 함께 읽었고 지금도 멀리서, 또는 가까이에서 함께 하고 있는 나의 사랑하는 제자들과 출간의 기쁨을 같이 누리고 싶다. 글쓴이로 하여금, 책을 읽으며 사는 삶을 가능케 한 그 복덕의 고마움을 어찌 말로 할 수 있겠는가!

특히 지금은 11학년이 된 푸른숲발도르프 학교 학생들, 다산독서클럽에서 일주일에 한 번씩 만나 책을 읽고 말을 나누는 중·고등학생들, 1년짜리 삼봉서원의 깃발을 살짝(?) 세우고 일주일에 닷새 또는 사흘을 책도 보고 영화도 보고 전시회도 다니며 함께 지성을 이루어가는 열여섯 살의 학교 밖 젊은이들에게 감사를 표한다. 소크라테스가 했던 문답법이야 언감생심이지만, '물음을 통해 이루어가는 자기형성'이라는 푯대를 세우고 함께 길을 찾아 나섰던 학생들의 맑은 땀과 곧은 등뼈가 이 책 전체에 켜켜이 새겨져 있다는 걸 밝힌다.

마지막으로 평사리를 일구어가고 있는 분들, 특히 윤정인 편집자님께 두 손 모은다.

2017년 8월
삼봉서원에서 이양호

아테네 학당

르네상스 시대의 거장인 라파엘로 산치오의 그림으로, 고대의 대학자들을 한 자리에
모은 상상화이며, 철학을 상징하는 그림이다. 그림의 핵심 인물은 플라톤과 아리스토
텔레스이다. 아리스토텔레스는 현실주의자로 묘사되어 땅을 가리키고 있으며, 플라
톤은 이상주의자로 하늘을 가리키고 있다. 소크라테스는 손가락으로 자신의 주장을
일일이 헤아리고 있으며, 알키비아데스는 소크라테스의 말에 매료되어 듣고 있다.

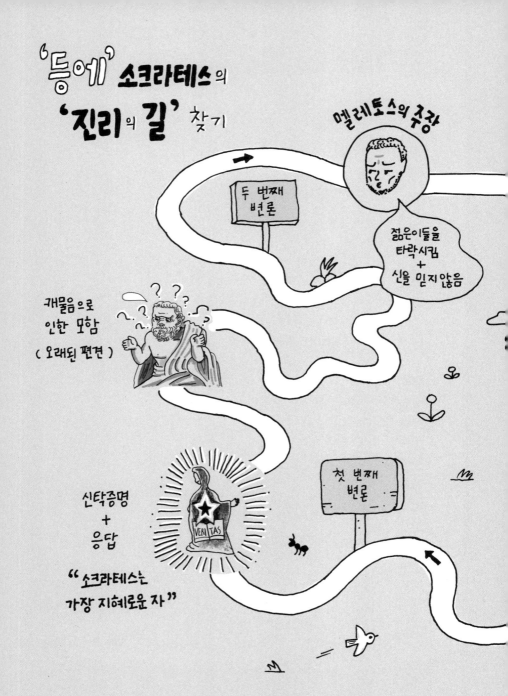

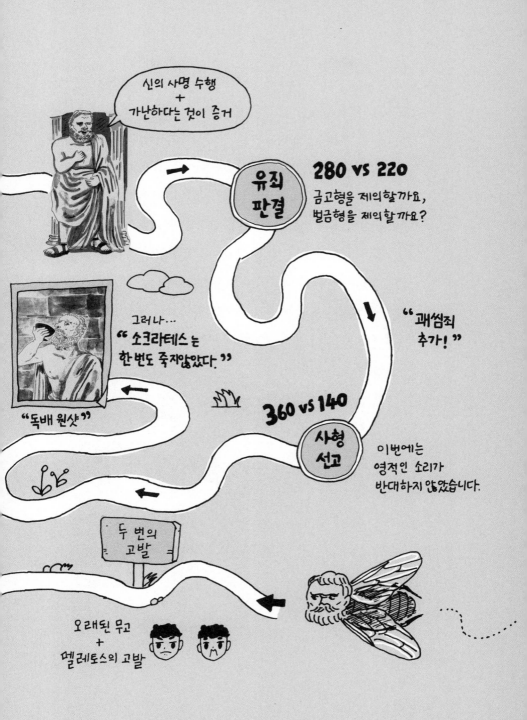

함께 읽는 사람들

 야옹샘 본명은 '이양호'이고, 호가 '야옹野翁(들 야, 늙은이 옹)'이다. 야옹샘 스스로도 알아차리지 못했지만, 본명의 발음과 비슷한 '야옹'으로 호를 지었다. 그래서 아이들은 야옹샘이라고 부르게 되었다. 선생님이 없을 때 '야옹~!' 하며 놀리기도 한다. 실제 생김새도 고양이를 닮았다. 웃을 때 눈가에 주름이 잡혀있고 입가에는 고양이 수염이 난 듯하다(전생에 고양이였을지도 모른다). 야옹샘은 영웅들이 살았던 시대의 배경 지식, 후대의 역사 논쟁들, 동서양의 비슷한 사례 등을 밝혀서 학생들이 좀 더 풍부하게 고전을 이해할 수 있도록 도움을 준다.

뭉술이　공부보다 먹는 것을 더 좋아하는 '뭉술이'는 엉뚱한 질문으로 곧잘 우리를 당황하게 하지만, 다른 친구들에게는 없는 직관과 감수성으로 역사 속 사건과 인물을 마주하게 해 준다.

범식이　틈만 나면 동네 도서관에 가서 책을 읽는 전교 1등 범생이 '범식이'는 얼굴도 잘생긴 데다 모르는 게 없을 정도로 두루두루 해박하여, 선생님들은 물론 여학생들의 사랑을 한 몸에 받는다. 생각의 가지를 사방팔방으로 뻗쳐 나가게 해준다.

캐순이　조금만 의심이 가도 그냥 넘어가는 법이 없는 '캐순이'는 깨알 같은 질문을 퍼부어, 역사 인물들의 꿍꿍이를 거침없이 헤집어낸다. 소크라테스의 의도를 잘 파악하는 데 도움을 준다.

01

'나는 모른다'는
것을 알라

와,
쩐다!

《변론》을 읽기로 한 토요일 독서모임 첫 날, 범생이 범식이와 호기심 많은 캐순이, 엉뚱 뭉술이가 야옹샘 방에 모여 호기심 어린 눈빛으로 대화를 나누고 있다.

말을 잘하는 것과 '진실'을 말하는 것

🙂 　야옹샘! 소크라테스의 '변명' 아닌가요?

야옹샘 　《소크라테스의 변론》*이라는 책이 나온 뒤부터, '변명'을 쓰
　　　지 않고 의식적으로 '변론'을 쓰려는 사람이 많아진 것 같
　　　아요.

캐순 　둘 다 비슷한 뜻을 담고 있지만, '변명'엔 자기 잘못에 대해
　　　평계를 댄다는 뜻도 들어 있으니까, '변명'보단 '변론'이 더
　　　낫다고 생각해.

뭉술 　하긴, 소크라테스가 변명이나 하고 있는 인간일 리는 없지.
　　　4대 성인 중 한 명인데 말이야.

＊　플라톤 지음, 박종현 옮김, 《에우티프론, 소크라테스의 변론, 크리톤, 파이돈―플라톤의
　　네 대화 편》(서광사, 2003)을 말한다.

오~ 뭉술이 네가 그런 것도 알아? 쫌 하는데? 소크라테스 자신이 법정에서 자기를 변호한 말이라는 점에서도 '변론'이 더 낫지.

뭉술 소크라테스가 변론을 했다고? 변호인이 변론한 게 아니고?

범식 생각해 봐. 소크라테스 그 자신보다 더 말 잘하는 사람이 있었겠어?

캐순 그런 소리 들으면 소크라테스가 어리둥절해할 것 같은데? 그 당시에 말 잘하는 사람은 소피스트 잖아?

야옹샘 그리스에선 반드시 스스로 변론해야 했어요. 법정에 들어서기 전에 다른 사람의 도움을 받아서 변론문을 작성하고 그에 따라 변론할 순 있었지만요. 그리고 소크라테스가 '말 잘한다는 것'에 대해선 본문을 읽다보면 얘기하고픈 때가 있을 거예요. 자, 그럼 소크라테스의 '변론'을 들어볼까요?

소크라테스: 아테네인, 여러분! 저를 고발한 자들의 말을 듣고 여러분이 어떻게 생각하는지 저는 잘 모릅니다. 그러나 저는 그들 말을 듣고 제가 누구인지 잊어버릴 뻔했습니다. 그

---

* 원래 뜻은 '현자賢者', '알고 있는 사람', '지식을 주고 가르치는 사람'이었지만, 진리란 없고 중요한 것은 말로 상대편을 이기는 것이라고 생각했기 때문에 억지스럽지만 논박하기 힘든 말을 많이 해 사람들을 곤란하게 했다. 그래서 사람들은 '궤변가詭辯家'라는 부정적 뜻으로 이 말을 사용했다.

"그들의 말은 설득력이 있었지만,
진실은 단 한마디도 들어있지 않았습니다."

들의 말은 그만큼 설득력이 있었지만, 진실은 단 한마디도
들어있지 않았습니다.

왜 '재판관이나 배심원 여러분'이라고 하지 않고 '아테네인
여러분'이라고 하지?

뭉술 배심원도 아테네인이니까 그렇겠지.

범식 이들 재판관은 아테네 시민 중에서 제비뽑기를 통해 무작
위로 뽑힌 사람이니까, 아테네 시민을 대표한다고도 할 수
있지.

캐순 그렇다면 '재판관이 된 아테네인이여!'라고 하는 게 맞지
않을까? 다른 사람이라면 몰라도, 말을 엄밀하게 가려 써
야 한다고 주장했던 소크라테스라면.

범식 눈치 못 챘겠지만, 지금 바로 이 장면에서도 소크라테스는
말을 엄밀하게 가려 썼어. '설득력 있는 말'과 '진실'을 예리
하게 가르며 말하고 있거든.

캐순 재판정에선 누구나 다 자기 말이 '진실'이라고 해. 그래야
자기 말이 '설득력 있는 말'이 되니까.

뭉술 소크라테스라고 뭐 특별히 달랐겠어?

야옹샘 재판정에서 필요한 건 설득력이긴 하죠. 진실은 설득력을
높이는 수단에 지나지 않을 때가 많아요.

그들의 거짓말 중에서 특히 놀라운 것은, 제가 말을 아주 잘 하니까 저에게 속아 넘어가지 말라고 여러분에게 충고한 것 이었습니다. 제가 말을 잘 하지 못한다는 게 밝혀지면 그들이 거짓말을 한 게 바로 드러날 텐데도 그들은 아무런 거리낌도 없이 그렇게 말했습니다. 참으로 뻔뻔스러운 자들이지요.

물론 제가 웅변가처럼 말을 잘한다는 것에 동의할 수도 있 습니다. '진실을 말하는 사람'을 웅변가라고 한다면 말입니다. 그런 뜻이라면 저는 그들과는 비교도 안 되는 웅변가입니다.

이제껏 그들 말엔 진실이 눈곱만큼도 들어있지 않았습니 다. 이제 여러분은 저에게서 진실만을 듣게 될 것입니다.

범식   소크라테스는 자신이 결코 말 잘하는 사람이 아니라, 진실 을 말하는 사람이라고 하는데?

뭉술   자신을 변론하려는 사람이라면 누구나 그렇게 말할 듯.

범식   소크라테스가 프레임을 짜면서 말하는 걸로 봐서 말 잘하 는 사람이 맞다는 생각이 든다. 진실과 말 잘하는 것을 나 눠놓고 자신은 진실 쪽에, 고발자는 말만 번지르르한 쪽에 있다고 못 박고 있거든! 노련한 인간들은 늘 프레임을 짜지.

          프레임이 뭔데?

범식   어떤 상황을 특정한 각도에서만 보게 유도하는 걸 프레임이라고 해.

캐순 　'진실이냐, 말 잘하는 것이냐!' 이렇게 묻고 있으니, 프레임
　　　을 짠 건 맞아. 하지만 진실을 드러내기 위해 프레임을 짠
　　　것과 단지 상황을 모면하기 위해 프레임을 짠 것은 다르지.

범식 　물론 다르겠지. 그런데 누가 그걸 판결할 수 있지?

🙂 　우리가 판결하는 거지! 농담이고~ 헤헤! 논의가 너무 빨리
　　　달아오른 거 아니야? 난 좀 더 지켜봐야 알 것 같다.

아테네인 여러분! 그들은 미사여구를 잔뜩 늘어놓았지만, 저
는 제우스에 맹세코 화려하게 장식하지 않고 평소처럼 그때
그때 생각나는 대로 말하겠습니다. 제 말이 올바르다는 확신
이 있기 때문입니다. 여러분께서도 그 이상은 기대하지 않길
바랍니다.

　여러분! 이 나잇살이나 먹어가지고, 젊은이들처럼 말을 꾸
며서 하는 건 어울리지 않을 것입니다. 아테네인 여러분께 간
곡히 부탁드립니다. 제가 시장통 환전소에서 말하는 것을 들
은 분들이 있을 텐데, 꼭 그때처럼 말하더라도 놀라지 말고
소란도 피우지 않길 바랍니다.

　저는 일흔 살이나 먹었지만, 법정에 서는 것은 이번이 처음
이라 법정에서 쓰는 말투에는 익숙하지 않습니다. 이곳의 말

투는 제겐 외국말처럼 낯설게 여겨질 정도입니다. 제가 만약 다른 고장에서 태어났더라면, 제가 그 고장 사투리로 말하더라도 여러분께서는 그대로 받아줄 수 있지 않습니까?

뭉술   여전히 아테네인이라고 하고 있어.

캐순   소크라테스 자신이 생각하는 '진실'이란 어떤 것인지를 밝혔는데?

미사여구로 치장하지 않고, 일상어로 말하며, 그럴듯하게 꾸미지 않고, 평소의 말투로 한다는 소린데 이것이 진실과 무관하지는 않지만 그렇다고 그게 꼭 진실이라고 할 수도 없잖아?

캐순   진실 자체는 아니지만, 그렇게 했을 때라야 진실은 드러난다는 거겠지.

범식   교언영색巧言令色(교묘히 꾸며서 하는 말과 아첨하는 얼굴빛─편집자)하지 않겠다는 소리지.

뭉술   그런 방식으로 말하는 것은 사람들을 설득하는 데는 엄청 불리하잖아?

범식   뭉술이 말이 맞아. 현대 소비사회가 교언영색을 필수 자질로 놓고 있는 것도 다 그 때문인 거고. 감정노동이라는 게 교언영색하는 거잖아.

캐순 '말 잘하는 것'과 '진실을 말하는 것'으로 쪼개 놓은 프레임
이 단지 상황을 모면하기 위한 것이 아니라는 생각이 점점
더 확고해지는데?

뭉술 소크라테스 말이 맞다면 재판관에게 요구되는 자질은 뭘까?

캐순 문제 삼아야 할 것과 그러지 말아야 할 것을 분간할 수 있
는 능력이 필요하겠지.

그러니 제가 말하는 방식에 대해서는 여러분께서 이해를 해
주시길 바랍니다. 그게 정당하니까요. 여러분께선 오직 제가
옳은 말을 하고 있는지 그렇지 않은지만 살피시기 바랍니다.
그것이 재판관(배심원)의 덕목이기 때문입니다. 변론자(웅변가)
의 덕목이 '진실을 말하는 것'에 있듯이 말입니다.

 어! 소크라테스가 재판관들을 드디어 '재판관'이라고 해줬어.

 재판관이라고 해준 게 아니라, 재판관의 덕목이 무엇인지
를 밝혔을 뿐이야.

캐순 재판관의 덕목은 '올바른 말인지 아닌지를 판별하는 것'이
라는 점을 밝혔을 뿐이라는 게, 그의 말에 대한 정확한 이
해라는 생각.

범식 그 덕목을 갖추면 재판관이고, 그렇지 않으면 재판관이 아

니라는 소리를 하고 싶어서 줄곧 아테네인이라고 한 건가?

캐순 말투나 미사여구에 넘어가면 시민일 뿐 재판관은 아니라는 소리 같아.

뭉술 재판관으로 뽑혔으면 재판관이잖아!

범식 소크라테스는 '이름'과 '실질'을 예리하게 나누고, 실질이 없는 이름은 허깨비일 뿐이라는 소리를 하고 싶었던 거지. 금을 함유하지 않은 금화를 금화라고 할 수 없는 것처럼.

선생답지 않은 선생을 선생이라 할 수 없고, 목사답지 않은 목사를 목사라 할 수 없고, 대통령답지 않은 대통령을 대통령이라 할 수 없지!

야옹샘 이름과 실질, 본질과 덧붙음(우연적인 것)에 관한 철학적인 논변을 재판관에 적용해서 밝히고 있다는 생각이 드네요.

뭉술 소크라테스는 천생 선생이군. 재판받으면서도 가르치려 들다니!

적대자들: 오래된 무고에서 최근의 고발까지

소크라테스: 아테네인 여러분! 저는 '맨 처음 저를 무고했던 자들'에 대해 변론을 하고, 이어서 '나중에 저를 고발한 자들'에 대해 변론을 하도록 하겠습니다. 왜냐하면 오래전부터 많은 사람들이 얼토당토 않는 소리로 저를 무고해 왔기

때문입니다. 사실 저에겐 그들이 아뉘토스와 그 무리*보다도 더 두렵습니다. 그렇다고 이들(아뉘토스와 그 무리)이 무섭지 않다는 것은 아닙니다.

하지만 여러분, 처음에 저를 무고한 자들은 정말 무서운 자들입니다. 그들은 여러분이 어렸을 때부터 다음과 같이 말해왔기 때문입니다. "소크라테스라는 현자는 하늘에 있는 것들을 헤아리고, 땅에 있는 온갖 것을 탐구할 뿐만 아니라, 근거가 약한 주장을 근거가 확고한 주장으로 바꾸는 자이다." 하지만 이런 말은 진실이라곤 눈곱만큼도 없습니다.

아테네인 여러분, 이런 소문을 퍼뜨렸고 지금도 퍼뜨리고 있는 사람들이야말로 저에게는 두려운 고발자들입니다. 이런 소문을 들은 사람들은 틀림없이 다음과 같이 생각할 수 있기 때문입니다. 그런 식의 탐구 활동을 하는 자들이라면 신의 존재를 믿지 않을 거라고 말입니다. 더욱이 이들은 수가 많으며 아주 오래 전부터 저를 고발해 왔습니다. 게다가 여러분은 듣는 족족 믿어버리는 어린 시절이나 청소년기부터 그들의 고발을 들어왔습니다. 그때 저를 위해 변론해 주는

---

* 실제적인 고발자 세 사람―멜레토스, 아뉘토스, 뤼콘을 가리킨다. 멜레토스가 고발자이긴 하지만 실질적인 배후 주동자는 정치가(장군) 아뉘토스였다.

이는 아무도 없었으니, 궐석재판*을 한 셈이지요.

하지만 정말로 말도 안 되는 점은 따로 있습니다. 희극 작가 한 명(아리스토파네스를 말함)†을 빼고는, 그들이 누구인지를 몰라 그들의 이름을 댈 수도 없다는 것입니다. 중상모략과 시기심에 사로잡혀 여러분을 설득했던 사람도 많고, 또 정말 그렇게 믿게 되어 다른 사람을 설득하려 드는 사람도 많지만, 어쨌든 그런 사람들은 정말 다루기 힘듭니다. 그들 중 누구도 이 자리로 불러내어 반대 신문을 할 수도 없습니다. 저는 그림자와 싸우고 대답도 없는 곳을 향하여 논박해야 합니다.

이런 상황이니, 여러분께선 저를 고발한 부류가 둘이라는 것을 명심해 주시기 바랍니다. 한 부류는 지금 이 자리에 저를 세운 자들이고, 또 다른 부류는 오랜 세월 동안 저를 고발해 왔다고 제가 방금 말한 사람들이지요.

저는 후자들의 고발부터 먼저 다루겠습니다. 여러분께서도 그게 마땅하다고 여기실 겁니다. 왜냐하면 여러분은 그

---

* 실제로 고발이 이루어진 것은 아니지만 사람들 입에서 입으로 소크라테스에 대한 비난
   이 이어졌음에도 자신은 거기에 대응할 수 없었던 현실을 한탄하며, 자기는 빼놓은 채 재
   판이 이루어진 상황을 말한다.

† 기원전 445~386년경의 아테네 고대 희극 대표자로, 당대 새로운 사고방식을 표방하던 지
   식인들에 대한 무자비한 인신공격과 기상천외의 발상, 넘치는 기지가 고대 희극 또는 아
   리스토파네스 희극의 특징이다.

고발을 최근의 고발보다 훨씬 일찍부터 들었을 뿐만 아니라, 오래된 고발이 최근의 고발보다 더 고약하기도 하기 때문입니다.

뭉술   여전히 '아테네인 여러분'이야.
범식   그들이 재판관의 덕성을 가지고 있는지 아직 밝혀지지 않았잖아.

야옹샘! 소크라테스가 두 번 고발당했나요?

야옹샘   멜레토스에 의해 한 번 고발당했어요. '첫 번째 무고'는 소크라테스 자신에 대한 오래된 평판을 두고 하는 소리일 뿐이에요. 잘못 알려졌다는 거죠.

범식   "소크라테스는 하늘에 있는 것들을 사색하고, 지하에 있는 것들을 탐구하며 근거가 약한 주장을 근거가 확고한 주장으로 바꾸는 자이다"라는 게 그건가요?

야옹샘   네, 맞아요. 아리스토파네스가 희극 〈구름〉*에서 소크라테스를 그런 식으로 묘사했어요. 〈구름〉은 이 재판보다 24년 전에 무대에 올려졌으니까, 소크라테스에 대한 그런 평판이 무척 오래된 건 확실해요.

---

* 아리스토파네스는 소크라테스 같은 위대한 철학자를 지나치게 공격하고 폄하하였다는 이유로, 후일 시대의 흐름에 역행하는 냉소적이고 심술궂은 보수주의자로 평가받게 되었다.

캐순 왜 제기하지도 않은 고발을 들고 나왔지?

범식 그런 평판과 지금 고발된 것이 관계가 있다는 소리겠지.

뭉술 그게 원인이라는 건가?

캐순 글쎄, 그것에 대해선 차차 보기로 하자. 야옹샘, '아뉘토스와 그 동아리'에 대해 말씀해 주세요. 아뉘토스가 소크라테스를 고발하는 총대를 맺나 보죠?

야옹샘 실제로 고발한 사람은 멜레토스였고, 아뉘토스와 뤼콘†이 거기에 동조했어요.

 그런데도 아뉘토스를 거론한 것은 왜지?

뭉술 아뉘토스가 영향력이 컸나 보지.

범식 그래도 고소한 사람은 멜레토스잖아?

캐순 멜레토스는 이름을 올려놓은 사람에 지나지 않고, 아뉘토스가 실질적인 고발자라는 거지.

범식 여기서도 소크라테스는 이름과 실질을 나누어 생각한 건가?

뭉술 야옹샘! 아뉘토스, 멜레토스, 뤼콘에 대해 말씀해 주세요.

야옹샘 아뉘토스는 무두장이(가죽 가공업자) 출신으로 돈도 많이 벌고, 아테네가 스파르타에게 패한 뒤 다시 민주정으로 바뀌

---

*　무명의 젊은 시인으로 당시 35세쯤 되었다.

†　그리스의 웅변가로 과두주의자들에게 살해당했다.

었을 때 선출된 유력한 정치가였죠.《메논》에 보면, 자식

교육을 놓고 아뉘토스와 소크라테스가 논쟁을 벌이는 장

면이 있어요. 멜레토스는 젊은 시인이었으며, 뤼콘은 웅변

가였다고 해요.

그렇다면 유력한 정치가이자 당시 시민에게 인기가 있었

던 아뉘토스를 소크라테스가 전면에 나오게 한 셈인데, 이

건 소크라테스의 실책이 아닐까?

범식   한갓 시인이었던 멜레토스와 싸우는 것보단 불리하겠지.

하지만 소크라테스는 유·불리를 따져 처신하는 사람이 아

니잖아.

캐순   유·불리와는 상관없이 '실질적인 고발자'가 아뉘토스이니,

아뉘토스를 전면에 나서게 해야 한다는 건가?

뭉술   또 '실질'과 '이름' 타령이군. 그게 그렇게 중요해?

당근 중요하지! 가령 이름은 죄인인데, 실제로는 죄를 짓

지 않았다면 이것은 심각한 문제잖아?

캐순   소크라테스가 자신에 대해 오랫동안 이상하게 말해왔던

소문에 대해서 문제삼은 것도, 지금 멜레토스와 그 동아리

가 고발한 것보다, 소크라테스 자신에 대한 편견이 '더 실

---

*   플라톤의 초기 대화편으로, 이 책의 주제는 탁월함의 획득 방식이다. 탁월함이 가르침이
    나 배움을 통해 얻을 수 있는지 논한다.

질적인 문제'라 여겨서 그런 건가? 야옹샘, 아뉘토스가 시
민들의 지지를 받던 민주파였다면 소크라테스는 반민주파
였나요?

 캐순이가 중요한 질문을 했네요! 소크라테스가 반민주주
의자인가에 대해서 학자들의 의견이 분분해요. 뒤에 나오
지만, 소크라테스는 자신을 '민주파냐 반민주파냐'로 보려
는 태도를 반대해요.

　　그리고 알아둬야 할 역사적인 사실이 있어요. 재판이 벌
어졌을 때, 그리스 민주주의는 제국주의의 길을 걷다가 결
국 수십 년간 펠로폰네소스 전쟁'을 치르게 되었고, 그 과
정에서 그리스 전체가 만신창이가 된 상태였다는 거예요.

뭉술　샘, 펠로폰네소스 전쟁이 일어난 원인에 대해 조금만 더 자
세히 말씀해 주세요.

야옹샘　역사학의 아버지라 일컬어지는 《펠로폰네소스 전쟁사》의
저자 투퀴디데스는 그 책에서 '아테네가 제국주의의 길을
걸으며 강대해지자 스파르타가 아테네에 위협을 느껴 전
쟁이 터졌다'고 했어요.

　　그 전쟁에서 아테네가 스파르타에 패하고 5년 뒤에 이 재

---

*　기원전 431년에서 404년까지 고대 그리스에서 아테네가 주도한 델로스 동맹과 스파르
타가 주도한 펠로폰네소스 동맹 사이에 일어난 전쟁이다.

판이 있었으니까, 그때의 아테네 시민은 제국주의적인 사상에 푹 절어 있었던 사람들이라고 말할 수도 있어요.

캐순 아뉘토스를 민주파 지도자라 해서 긍정적으로 볼 필요가 없다는 소린가요?

야옹샘 맞아요. 뿐만 아니라 소크라테스의 죽음을 직접적으로 전해주는 《변론》과 《크리톤》*을 읽어보면, 이 재판을 '민주파냐 반민주파냐'에 입각해서 보는 게 잘못이란 걸 알 수 있어요.

  야옹샘! 소크라테스가 "근거가 약한 주장을 근거가 확고한 주장으로 바꾸었다"는 게 뭐죠? 그리고 "하늘에 있는 것들을 헤아리고, 땅에 있는 온갖 것을 탐구한" 게 잘못된 건가요?

야옹샘 '근거가 약한 주장을 근거가 확고한 주장으로 바꾸는 자'라는 말은 소크라테스가 소피스트로 여겨졌다는 소리고, '하늘에 있는 것들을 헤아리고, 땅에 있는 온갖 것을 탐구하는 자'라는 말은 소크라테스가 자연철학자, 즉 신神을 부정한 사람으로 받아들여졌다는 소리예요.

범식 궤변론자라고 말하는 그 '소피스트' 말인가요?

---

* 《변론》, 《에우티프론》, 《파이돈》과 함께 플라톤이 쓴 4개의 대화편 가운데 하나로, 소크라테스의 부유한 친구인 크리톤이 소크라테스에게 탈옥을 권유하고, 소크라테스는 법과 정의의 관점에서 그 권유에 대해 반박하는 논변을 펼치는 내용의 작품이다.

그래요. 하지만 소피스트의 본래 의미는 '지혜로운 자'라는 뜻이에요. 요즘으로 치면 이들은 변호사나 학원 강사라 할 수 있어요. 변호사가 하는 일이 뭡니까? 많은 변호사들이 진실보다는 자기 의뢰인이 재판에서 이기는 것을 더 중요하게 생각하죠? 어떨 땐, 너무 엉뚱한데도 논리적으로 반박하기 어려운 것을 들고 나와 재판을 뒤집기도 하잖아요. "근거가 약한 주장을 근거가 확고한 주장으로 바꾸는" 거죠.

소피스트에 관한 유명한 일화가 있어요. 말 잘하는 것으로 이름깨나 날린 소피스트인 코락스에게 티시아스라는 한 젊은이가 찾아가, 변론술을 가르쳐주면 엄청난 수업료를 지불하겠다고 해서, 코락스는 티시아스에게 변론술을 가르쳐요. 그런데 학과 과정이 끝났는데도 젊은이가 수업료를 지불하지 않는 거예요. 그래서 교사인 코락스가 학생인 티시아스를 고발했는데, 재판정에서 학생이 주장하는 소리가 기가 막혀요.

"저 분이 나에게 변론술을 제대로 가르쳤다면 나는 재판에서 그를 이길 것입니다. 그러면 재판 결과에 따라 그에게 수업료를 지불할 필요가 없습니다. 만약 내가 재판에서 진다면 그것은 저 분이 나에게 변론술을 제대로 가르친 것이 아니란 것이 입증된 셈입니다. 그러니 어느 경우에도 나는

수업료를 지불할 필요가 없습니다." 이제 교사인 코락스는
뭐라고 말해야 할까요?

하하. 난감 그 자체겠는데요?

야옹샘 교사는 천천히 입을 벌려 말했어요. "티시아스가 재판에서
이기면 그것은 내가 그에게 변론술을 잘 가르친 셈이니 당
연히 그는 나에게 수업료를 지불해야 할 것입니다. 설사 그
가 재판에서 지더라도 그는 나에게 수업료를 지불해야 합
니다. 판결이 그것을 요구하니까요."

뭉술 와, 쩐다!

캐순 그래서 재판관들은 어떻게 판결했죠?

야옹샘 "나쁜 까마귀에서 나쁜 말이 나온다"라며 판결을 거부했다
고 하네요. 스승 이름이 코락스인데, 그 뜻이 '까마귀'거든
요. '그놈이 그놈이고, 피장파장, 개찐도찐이다'라며 판결을
거부한 거죠. '지혜로운 자'라는 뜻인 소피스트가 당시 얼마
나 조롱받고 반어적으로 사용되었는지 알 수 있겠죠?

소피스트들은 참된 진리 같은 것이 있다고
믿지 않았나 보죠? 그런데 어떻게 소크라
테스가 소피스트로 여겨졌죠?

와,
쩐다!

야옹샘 그것에 대해선 뒤에 자세히 나오니까 그때
가서 살펴보기로 해요.

아테네인 여러분, 이제 변론을 시작하겠습니다. 이 짧은 시간 안에, 저는 여러분이 그토록 오래 갖고 있던 편견을 지워야 합니다. 이 일을 하는 것이 여러분과 저에게 바람직한 일이라면 제가 변론에 성공하기를 바랍니다만, 쉬운 일이 아니라는 것 또한 잘 알고 있습니다. 그리고 이 일의 성격이 무엇인지도 잘 알고 있습니다. 그럼에도 저는 법에 따라 변론을 할 것이고, 결과는 신의 뜻에 맡겨야겠지요.

범식 소크라테스 자신이 재판에서 질 거라고 예감한 거네.

뭉술 '진실', '진실' 하더니만 '진실의 힘'을 믿지도 않은 거야?

어떤 것이 중요하다는 것과 그것이 실제로 힘을 발휘할 수 있다는 것은 다른 문제지.

캐순 진실의 힘을 믿지 않는다기보다는, 사람들이 소크라테스에 대한 편견에 노출된 지는 수십 년이 되었지만, 자신이 그것을 방어할 시간은 너무 짧다는 소리겠지.

뭉술 재판이 하루이틀에 끝나는 것도 아니고, 그래도 시간이 꽤 주어지잖아.

야옹샘 당시 아테네 재판은 거의 대부분 당일에 끝났어요. 원고와 피고에게 각각 3시간 정도 시간이 주어졌는데, 그 시간 동안 상대편에 대한 심문 등 모든 것을 끝내야 했어요. 또한 단심제였기 때문에, 한번 판결이 나면 그것으로 끝이었죠. 수십 년 동안 쌓인 편견을 3시간으로 씻어내야 한다는 소리네.

'사람'인 당신의 아들을 누구에게 맡겨야 한다고 생각하오?

소크라테스: 자, 다시 처음으로 되돌아가 저에 대한 선입견을 만든 고발이 무엇인지 살펴보겠습니다. 실상 멜레토스도 그 선입견을 사실이라고 믿고 최근에 저를 고발했을 겁니다. 좋습니다. 그 비방자들이 무슨 말로 저를 비방했지요? 그들이 실제 저를 법정에 고발했다면, 고소장 내용은 아마도 다음과 같았을 겁니다.

"소크라테스는 악행을 저질렀고, 주제넘은 짓을 하는 자이다. 그는 지하에 있는 일이나 천상에 있는 것들을 탐구할 뿐만 아니라, 근거가 약한 말을 근거가 확고한 것으로 바꾸고, 다른 사람들도 그렇게 하도록 만들기 때문이다." 이런 내용으로 고발했겠지요.

이 내용은 여러분이 아리스토파네스의 희극에서 본 그대로입니다. 그 연극을 보면, 소크라테스라는 인물이 광주리를 타고 이리저리 왔다 갔다 하면서, 자기는 공중을 걷고 있다고 말하기도 하고, 또 말도 안 되는 다른 소리를 계속 지껄입니다. 사실 저는 그런 것들에 대해 알고 있는 게 전혀 없습니다. 그렇다고 그런 것에 관한 지식을 별 볼 일 없다고 여기는 건 아닙니다. 누군가 그것을 정말로 잘 안다면 얕볼 수 있는 지식이 아닐 겁니다.

아테네인 여러분, 제발 멜레토스가 저를 그런 죄목으로 고발하지 않았길 바랍니다. 그런 것들은 제 관심사가 전혀 아니기 때문입니다. 여기에 계시는 여러분이 증인입니다. 여러분 중에는 평소에 제가 하는 말을 들은 사람이 많으니, 부디 서로에게 말씀해 주십시오. 제가 그런 것들에 대해 조금이라도 언급하는 것을 들은 분이 있으면, 지금 이 자리에서 밝히십시오. 이제 여러분께선 저에 대한 다른 소문들도 전혀 근거가 없는 낭설에 지나지 않다는 것을 아실 겁니다. 고발자들이 저에 대해 말하는 것은 그 무엇도 사실이 아닙니다.

범식 멜레토스의 고소장에 있는 내용이 사실은 아리스토파네스가 희극에서 소크라테스를 조롱한 것과 판박이라는 소리네.

캐순 하지만 그것은 연극일 뿐이고, 실제 자기는 연극에 등장하는 소크라테스가 아니기 때문에, 그들이 관심을 갖는 것은 자기 관심사가 아니라는 거지.

그들의 관심사는 뭐지?

희극 〈구름〉의 한 장면(1564년 또는 이전)
─바구니에 담긴 소크라테스

아리스토파네스의 희극 〈구름〉 중 한 장면이다. 소크라테스가 공중에 매달린 바구니를 타고 있다. 당시 최고의 문학 장르로 여겨졌던 비극에서 신이 무대에 나타날 때 쓰던 방식이다. 소크라테스가 신이 되어버렸음을 조롱하기 위해 이렇게 설정한 것이다.

　　소크라테스는 이 작품에서, '제우스 같은 것은 없고, 오히려 구름이 신'이라고 말한다. 제우스의 명을 받아서가 아니라, 구름 스스로 비도 내리고 천둥도 친다는 것이다. 이것은 물리적인 것에서 원인을 찾는 자연과학자들의 태도인데, 소크라테스도 그런 사람으로 여겨져 조롱감이 된 장면이다.

야옹샘　아리스토파네스의 희극 〈구름〉에서 소크라테스가 희화화된
　　　　자연철학자로 나오니까, 자연에 대한 관심이라 할 수 있겠네
　　　　요. 그런데 〈구름〉이 영 헛소리를 하는 것만은 아니에요.
　　　　《파이돈》*에 보면 소크라테스 자신이, 젊었을 때 자연철
　　　　학에 관심을 가졌다가 그런 주제에 실망하고 그만두었다
　　　　는 말을 하는 부분이 있거든요. 하지만 그 기간은 아주 짧
　　　　았던 것 같아요.

범식　　그러니까, '내가 그런 것을 가지고 토론하는 것을 본 사람
　　　　있으면 나와봐'라고 할 수 있었군요.

캐순　　허구적인 희극에 나온 소크라테스와 실제 소크라테스를
　　　　대비시키고, 고발자는 허구적인 소크라테스를 고발했을
　　　　뿐이라고 주장하는 소크라테스의 논법, 즉 프레임 짜기가
　　　　또 한번 발휘되었어.

　　　　그러면서도 소크라테스는 자기는 말 잘하는 사람이 아니
　　　　라고 튕기지!

제가 누구를 가르치려 하고, 그 대가로 돈을 받는다는 소문
도 사실이 아닙니다. 그러나 사람을 가르칠 수 있다면 그것은

---

*　　플라톤의 중기 작품으로 죽음의 문제를 집중적으로 다뤘다.

좋은 일이라고 생각합니다. 레온티노이 출신 고르기아스, 케오스 출신 프로디코스,[†] 엘리스 출신 히피아스[‡]처럼 말입니다.

그들은 어디든 원하는 도시로 가서 그곳의 젊은이들을 설득하고 있습니다. 그 도시 젊은이들은 자기 도시 사람에게서 무료로 배울 수 있는데도, 기꺼이 수업료를 내며 그들에게 배울 정도로 그들은 설득력이 있습니다. 파로스 출신인 또 다른 소피스트가 지금 이 도시에 와 있다고 저에게 알려준 사람이 있는데, 그는 다른 사람들이 소피스트들에게 지불한 돈을 다 합친 것보다 더 많은 돈을 지불한 사람입니다. 힙포니코스의 아들 칼리아스[§] 말입니다. 그는 두 아들을 두었기에 제가 물었습니다.

"오, 칼리아스! 만약 당신의 두 아들이 망아지나 송아지로 태어났다면, 우리는 그들의 본성에 걸맞는 것을 잘 키워줄 사람을 찾아내 고용해야겠지요? 그는 말[馬]을 잘 다루는 사람이거나 농사를 잘 짓는 사람일 것이오. 하지만 당신의 아

---

[*] 시칠리아 출신으로 가장 이름난 소피스트 중 한 사람이다. 플라톤이 남긴 대화편에 《고르기아스》가 있다.

[†] 케오스 출신 소피스트로, 플라톤의 《프로타고라스》에 실제 대화자로도 등장한다.

[‡] 엘리스 출신 소피스트로, 다재다능하고 기억력이 뛰어난 것으로 알려져 있다.

[§] 아버지가 아테네에서 제일가는 갑부였던 칼리아스는 유산을 물려받았으나 모두 탕진했다.

들들은 망아지나 송아지가 아니라 사람이오. 그러면 당신은 누구에게 아들을 맡겨야 한다고 생각하오? 사람으로서 그리고 시민으로서 그에 걸맞은 덕성을 잘 알고 있는 사람이 누구요? 당신은 아들을 둘이나 두었으니 그 점에 대해 생각해 보았으리라 여기기 때문에 묻는 것이오. 그런데 그런 사람이 있기는 있나요? 아니면 없나요?"

"있다마다요."

"누군데요? 어디 출신이고 돈을 얼마나 내야 하지요?"

"에우에노스랍니다, 소크라테스! 파로스 출신이고 5므나 (당시 건장한 사람의 500일 품삯에 해당)를 받지요."

그래서 저는 에우에노스는 운이 좋은 자라고 생각했습니다. 그가 정말로 그런 전문 지식을 갖고 있어서 그 정도의 돈을 받고 지식을 가르쳐준다면 말입니다. 만약 제게도 그런 전문 지식이 있었다면, 저는 틀림없이 뽐내고 우쭐댔을 것입니다. 하지만 아테네인 여러분! 제게는 그런 지식이 없습니다.

범식   가르친 대가로 자기는 사람들에게 돈을 요구하지 않는다고 한 것은 그만큼 욕심이 없다는 소린가?

야옹샘   〈구름〉에 소크라테스가 학원을 차려 학생들에게 변론술을 가르치며 돈을 받는다는 게 나오는데 그것을 반박하려는 걸 거예요.

뭉술   사람을 가르치고 돈을 받는 게 도둑질하는 것도 아닌데, 굳이 그걸 반박할 필요가 있나?

돈 받고 가르치는 선생과 돈 내고 자식을 학원에 보내 가르치는 부모를 들어 조롱기를 섞어 말하고 있는데, 이것 역시 소크라테스가 방어해야 할 재판과는 무관한 거 아니야?

범식   야옹샘! 그나저나 그 소피스트가 받았다는 5므나의 수업료는 얼마 정도 되죠?

야옹샘 1므나는 100일 일당이니까, 5므나는 500일 일당인 셈이죠.

당신의 아들은 사람이니,
당신은 대체 누구에게
아들을 맡기실 참이요?

선생님!

헉! 그때 소피스트, 학원 강사가 한 사람의 수업료로 보통 사람의 1년 연봉을 넘게 벌었단 말이에요?

야옹샘 프로타고라스*라는 사람 알죠? "인간 각자는 만물의 척도다"라고 한 사람이요. 그는 무려 100므나, 그러니까 한 학생 수강료로 20년 연봉을 받았어요.

헉! 소크라테스는 신발도 안 신고 넝마 같은 옷을 입고서 거지처럼 돌아다녔다고 하잖아요. 이 사실만으로도 소크라테스가 돈을 받고 가르친 적이 없다는 소리는 증명되겠네요.

범식 그래서 소크라테스가 굳이 자신은 돈 받고 가르치는 사람이 아니라고 밝힌 거구나!

난 너희들이 하는 말이 잘 이해가 안 돼.

쯧쯧. 멍때리고 있더니만……. 소크라테스의 그런 생활은 아테네 사람이면 다 알았을 것 아니야? 그런데 〈구름〉에선 돈을 잘 버는 학원 원장 소크라테스로 묘사한단 말이지. 누가 봐도 〈구름〉이 허구라는 게 드러나지 않겠어?

캐순 〈구름〉과 그것이 퍼뜨린 편견에 입각해서 고발한 사람들을 태연히 넘기는 척하면서 웃음거리로 만들어버린 거네.

---

* 가장 유명한 소피스트로 그리스 북동부 아브데라에서 태어났다. 그리스 전역을 돌아다니며 활동했다.

그것만 풍자한 것이 아니에요. 당시 많은 아테네 사람들이 소피스트를 욕하면서도 자기 자식을 소피스트에게 보내 변론술을 배우게 했어요. 마치 요즘에 사교육을 욕하면서 자기 자식을 학원에 보내는 것과 같죠.

"당신의 아들이 망아지나 송아지로 태어났다면 말을 잘 기르는 사람이나 농사를 잘 짓는 사람"에게 보내겠지만, "당신의 아들들은 사람이니 당신은 대체 누구에게 아들들을 맡기실 참이요?"라고 묻고 있는 걸 보세요. 부모로서, 자식을 사람으로 기르는 일을 하고 있느냐고 묻고 있다는 생각이 들지 않나요?

그러면서 "인간으로서의 미덕과 시민으로서의 미덕에 관해 잘 아는 사람이 도대체 누구지요?" 하며 묻고는, 자식 교육을 위해 1년 연봉을 갖다 바치는데 받는 사람이 "정말 그런 전문 지식이 있어야 할 텐데" 하며, 슬쩍 그때의 세태가 얼마나 황당한지를 드러내고 있다는 생각이 드네요.

그러면 여러분 중에는 다음처럼 되받아 칠 사람이 있겠지요. "아니 소크라테스, 그럼 뭐가 문제요? 어째서 당신을 비방하는 조롱들이 생겨났죠? 당신이 여느 사람과 달리 행동하지 않았다면, 당신에 관한 그런 소문이 나지 않았을 것 아니오.

당신이 무던히도 유별난 짓을 했기 때문에 그런 소문이 돌았을 것이오. 이제 우리에게 툭 터놓고 이야기하시오. 우리가 당신에 대해 분별없는 판단을 하지 않도록 말이오."

당연히 그래야지요. 이제부터 제가 왜 그런 유명세를 얻었고, 왜 그런 선입견이 생겨났는지를 여러분께 밝히도록 하겠습니다.

캐순   자기 발언에 대해 재판관들이 품음직한 의문을 스스로 제기하고 그것에 대답하겠다고 하네.

범식   그만큼 소크라테스가 노련한 거지. 무조건 당신들이 잘못 알고 있다고 하면 반발심이 커질 것 아니야? 그래서, '당신들이 그렇게 생각할 만한 이유가 있긴 하다'라고 하면서, 그들에게 변명할 만한 꺼리를 마련해 주어 그쪽으로 방향을 돌리게 하고 있거든.

 하하. 치고받고 혼자 다 하네!

자, 내 말을 잘 들어주십시오. 어떤 사람은 제가 농담을 하고 있다고 여길 수도 있겠습니다만, 저는 진실만을 말할 것입니다. 아테네인 여러분, 제가 이런 유명세를 얻게 된 건 바로 '특별한 지혜' 때문입니다. 그게 어떤 지혜냐고요? 그것은 인간이 가질 수 있는 지혜일 것입니다. 이런 조건에서라면 저는 지혜로울 수 있기 때문입니다.

하지만 제가 앞에서 말했던 그 사람들은 인간을 넘어서는 지혜를 가진 듯합니다. 저로서는 달리 말할 수가 없는 이유가, 저에겐 그런 지혜가 없기 때문입니다. 어떤 사람이 저에게도 그런 지혜가 있다고 말한다면 그는 거짓말을 하고 있는 겁니다. 저를 모함하려는 의도에서 말입니다.

아테네인 여러분! 제가 여러분에게 엄청난 소리를 한다고 할지라도 소동은 일으키지 말길 바랍니다. 제가 하는 말은 제 말이 아니라 여러분께서도 신뢰할 만한 분의 말을 제가 대신하는 것일 뿐이니까요.

뭉술   왜 이렇게 뜸을 들이지?

캐순   초인적인 지혜라면 모를까, 인간적인 지혜로 소크라테스
       가 명성을 얻었다는 사실도 믿기 힘들어.

뭉술   "초인적인 지혜"를 가진 듯하다는 사람은 누구를 가리키는
       거지?

범식   그거야 당연히 엄청난 돈을 받고 사람들을 가르치는 소피
       스트들을 비꼰 거겠지.

캐순   그런 거짓말쟁이들과는 달리 자기는 '확실히' 인간적인 지
       혜를 가지고 있다는 거네.

뭉술   인간이 인간적인 지혜를 가진 게 뭐 그리 대단한가?

       인간이 인간적인 지혜를 가지는 건 과연 쉬운 일일까?

범식   아테네 시민들이 믿을 만한 분이 누군지 나는 그게 더 궁금
       한데?

델피의 신*을 저는 증인으로 모시겠습니다. 이 분이 제가 가
진 지혜가 어떤 지혜인지 말씀해 주실 겁니다.

　여러분께선 카이레폰†을 아시리라 생각합니다. 그는 젊었을

---

*　태양 신 '아폴론'을 뜻한다. 델피는 신탁을 얻는 곳 중 가장 유명한 곳이다.

†　소크라테스를 열렬히 숭배한 제자로, 30인 참주정에서 추방당한 민주파이다.

때부터 저와 막역하게 지냈지만, 여러분과도 막역한 사람입
니다. 그는 여러분과 함께 추방되었다가 여러분과 함께 돌아
온 민주주의의 열렬한 지지자입니다. 그래서 여러분은 카이레
폰이 어떤 사람인지, 또 그가 얼마나 열정적인지도 잘 압니다.

그런 그가 언젠가 델피 신전에 갔을 때, 대담하게도 다음처
럼 묻고 신탁을 요청했습니다. 그런데 여러분, 아까 제가 말
한 대로 제발 소동은 일으키지 마시길 바랍니다. 그가 물었
던 건 저, 즉 소크라테스보다 더 현명한 사람이 있는가였습니
다. 이에 그곳 여사제(무녀)는 더 현명한 이는 없다고 대답했
습니다.

카이레폰은 이미 죽어 이 일에 대해 증언할 수 없지만, 지금
이 자리에 있는 그의 형제가 여러분에게 증인이 되어줄 겁니다.

뭉술   간덩이가 부었군! 신을 법정의 증인으로 불러들이다
        니…….

캐순   그래서 "농담으로 들릴 거"라는 둥 하며 뜸을 들였구나.

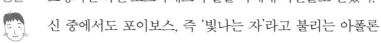   '델피의 신'이, 소크라테스는 '인간적인 지혜'를 가졌다는
        것을 증언한다! 재밌겠는데?

뭉술   그렇기만 하면 소크라테스의 말을 아테네 시민들도 믿겠지.

        신 중에서도 포이보스, 즉 '빛나는 자'라고 불리는 아폴론

이 그것을 입증한다니 더욱 의미심장하게 들리네요.

뭉술 참, 델피의 신이 '아폴론'이었지! 만화책에서 본 기억이 나.

캐순 아폴론은 요즘말로 하면 '냉철한 지성' 그 자체잖아?

범식 아폴론이 델피의 신이 된 이야기도 의미가 깊어. 아폴론이 어머니 배 속에 있을 때, 그가 태어나지 못하도록 피톤이라는 거대한 뱀이 아폴론의 어머니인 레토*를 엄청 괴롭혔지. 그런데 그 뱀은 대지의 여신 가이아†의 성소인 델피를 지키고 있었어.

　　난관을 뚫고 어머니 배 속에서 나온 지 사흘째 되는 날, 아폴론은 제우스의 명을 받고 델피로 가 그 뱀을 활로 쏴 죽이고 자신이 델피의 신이 되었다고 해.

(그림) 이 땅에서 가이아의 시대가 가고, 제우스의 시대가 열린 거라는 소린가?

범식 제우스-아폴론-소크라테스로 이어지는 '지성知性'이 열린 셈이기도 하지.

뭉술 소크라테스 말이 참이기를!

캐순 재판관들이 델피의 신탁을 전한 카이레폰의 말을 믿을 수

---

* 티탄족 여신으로 코이오스와 포이베의 딸이며, 아폴론과 아르테미스의 어머니이다.

† 대지의 여신으로, 우라노스와의 사이에서 크로노스를 포함해 12명의 타이탄을 낳았다.

도 있어야 해.

범식   소크라테스도 그것을 알았기에, '카이레폰'이 "여러분과 함께 추방되었다가 여러분과 함께 돌아온 민주주의의 열렬한 지지자"라고 멘트를 날렸겠지.

🐱   소크라테스, 생각보다 치밀한데?

캐순   야옹샘! 카이레폰이 추방되었다가 돌아온 것에 대해 알려 주세요.

야옹샘   기원전 404년에 스파르타는 아테네를 무너뜨려 30여 년에 걸친 전쟁을 끝내고 아테네에 새로운 정권, 이른바 '30인 참주 정권'*을 세웠어요. 그때 카이레폰은 다른 민주파와 함께 추방되었죠.

   하지만 권력을 잡은 30인의 아테네 민주파에 대한 학살과 스파르타의 패착이 원인이 되어, 이 정권은 8개월 만에 무너져요. 추방되었던 카이레폰은 그래서 금방 아테네로 돌아올 수 있었죠.

범식   소크라테스의 말은 '당신들의 동지가 전해준 말이니 믿지 않을 수 없겠죠'라는 소리인 거네.

뭉술   역시 소크라테스는 교묘하군!

---

*   스파르타의 후견으로 세운 과두체제로, 민주파 시민 1,500여 명을 살해하고 많은 사람을 추방했다. '참주'란 신분이 아니라 무력으로 지배집단이 된 자를 말한다.

그런데 이 일이 소크라테스에 대한 편견이나 소문과 어떤 관계가 있을까?

신이 거짓말을 했을 리는 없다

소크라테스: 무엇 때문에 제가 이런 말을 하겠습니까? 저에 관한 선입견이 어떻게 생겨나게 되었는지를 여러분에게 밝히기 위해서입니다. 그 신탁을 듣고 저는 제 자신에게 물었습니다.

"도대체 신의 말은 무엇을 의미하는가? 이 수수께끼는 도대체 뭔가? 나는 정말이지 조금도 현명하지 못하다. 내 스스로도 그것을 잘 알고 있다. 그런데도 신은 내가 이 세상에서 제일 지혜로운 자라고 했으니, 그 뜻이 있을 게 아닌가? 신이 거짓말을 했을 리는 없다. 신이 거짓말을 한다는 건 있을 수 없는 일이니까!"

그 뒤로 한참동안 저는 그 뜻이 무엇인지를 풀지 못해 당혹스런 상태였습니다. 그러다가 저는 주저했지만 결국 다음과 같은 방법으로 이 문제를 풀기로 했습니다. 저는 현자라고 알려진 사람 중 한 명에게 찾아가기로 했습니다. 저보다 현명한 이가 있다는 게 밝혀지면, "이 사람이야말로 현명한 사람입니다. 그런데도 당신께선 제가 제일 현명하다고 했습니다"라며 신탁을 부정하려고 했던 거지요.

신탁을 부정하고 반박하는 것은 그 당시 사람들에겐 신성 모독 아닌가? 신성 모독은 원고측의 주장을 확고하게 해주는 것이고.

야옹샘 꼭 그렇지는 않아요. 당시 그리스인의 일반적인 생각은 신이 사람을 속이기도 한다는 거였어요. 그리스 신화에도 나오잖아요. 심지어는 그리스가 페르시아에 패할 것이라고 신탁을 내렸는데, 보기 좋게 그 예언이 틀린 적도 있어요. 그런 적도 있었기에, 소크라테스의 생각을 신성 모독이라 할 수는 없어요.

그래서 저는 이름난 사람을 찾아갔습니다. 그 사람의 이름을 굳이 밝히지 않아도 알 만한 사람은 그가 누구인지 다 압니다. 아테네인 여러분, 저는 정치가인 그를 지켜보고서 다음과 같이 결론을 내렸습니다.

'많은 사람들이 이 사람을 현명하다고 여긴다. 특히 그 자신은 더 그렇다. 하지만 내겐 그렇게 보이지 않는다.'

그래서 저는 그가 현명한 것처럼 보이지만, 사실은 현명하지 않다는 사실을 그에게 밝혀주려 했습니다. 그 때문에 저는 그 사람과 그 사람 주위에 있던 사람들에게서 미움을 샀습니다. 저는 그 자리를 떠나면서 결론을 내렸습니다.

'이 사람보다는 확실히 내가 더 지혜롭다. 우리 둘 중 누구도 참으로 좋은 것을 알고 있지 않은 것 같다. 그런데도 저 사람은 자기가 모르는 것을 안다고 생각하고 있고 나는 모르는 것은 모른다고 생각하고 있지 않은가. 그러니 내겐 그보다 내가 더 지혜로워 보인다. 모르는 것을 아는 것으로 믿지 않는 꼭 그만큼 더 지혜롭다.'

이어서 저는 앞 사람보다 더 지혜롭다는 사람을 찾아가 만났지만, 역시 마찬가지라는 느낌을 받았습니다. 그곳에서 저는 그를 선택하여 많은 사람들에게 미운 털이 박혔지요.

캐순   왜 이름을 댈 필요가 없다는 거지? 누구나 다 알고 있다는 소린가?

범식   고발자 중 한 명인 아뉘토스였던 게 아닐까?

그게 사실이라면, 지금 이 고발은 사적인 원한을 풀기 위해 소크라테스를 신성 모독이라는 반反국가 사범으로 몰고 있는 게 돼.

범식   명망 높던 민주주의자 아뉘토스가 졸지에 파렴치한이 되어버리는 거지.

캐순   여기서도 소크라테스는 '이름'과 '실질'을 싹둑 갈라놓고 있어. 그 정치가는 지혜로워 '보이지만' 사실은 '지혜로운 자'가 아니었다는 말이 그거야. 소크라테스의 지혜가 뭔지에 대해서도 처음으로 나왔어. '모르는 것을 모른다고 여기는 지혜!'

모르면 모르는 거지, 그게 왜 지혜야?

범식   '모르는 것을 모른다고 아는 것'도 일종의 앎이니까. 없는 것을 없다고 아는 게 앎인 것처럼.

뭉술   그렇긴 하다만, 그것만으로 소크라테스를 현자라고 정의하기엔 너무 소극적이야.

그렇게 소극적인 사람이 날이면 날마다 시장통에 앉아 아무나 붙잡고 '당신이 아는 게 뭐냐'는 식으로 캐물었다는 게, 앞뒤가 안 맞지 않니?

범식   '소극적인 열정'인 거지.

뭉술   소극적인 열정? 하기야 무슨 말인들 안 되겠어? 말이야 만들면 되지.

모르는 소리! 그런 말을 '역설법'이라고 해. 말이 안 되는 것 같지만 곰곰이 생각해 보면 무릎이 탁 쳐지는 소리. 조금 더 생각해 보면 뭉술이 너도 '그렇지!' 하며 무릎을 칠거야.

뭉술   헐~ 범식이 너는 어떨 때 보면 할아버지 같아. 무릎을 칠거라니!

캐순   범식이가 좀 애늙은이 같긴 하지. 열정의 내용을 소극성 속에서 찾은 것은 당시 상황과 관계되지 않을까?

《고르기아스》에 나온 소크라테스의 페리클레스*에 대한 평이 힌트를 줄지도 모르겠네요. 그리스가 페르시아에 승리한 이후 아테네가 델로스 동맹†을 체결하고 제국주의화의 길을 갔을 때, 실질적으로 그 길을 연 사람은 페리클레스라고 할 수 있어요. 그는 동맹국들로부터 거둬들인 돈으로 아테네 사람들을 살찌우고, 전함을 대폭 건조하고, 해군 용병을 확대했을 뿐만 아니라, 그리스 전체의 맹주가 되는데 걸림돌이 되었던 스파르타의 기를 꺾으려고 아테네에서 바다까지 이어지는 거대한 성벽을 쌓았어요.

이것은 결국 27년에 걸친 아테네와 스파르타의 전쟁, 즉 펠로폰네소스 전쟁을 야기했죠. 전쟁이 일어난 지 3년 만에 페리클레스가 전염병에 걸려 죽게 되어, 이후 아테네는 스파르타에 밀리다가 끝내 패망했어요.(기원전 403년) 그래서 당시 아테네인은 아테네를 그리스의 맹주로 만들어 주었던 페리클레스를 엄청 높이 치고 그리워했죠. 하지만 소

---

* 당시 아테네인이 존경한 정치인으로, 32년 동안 아테네 제1시민으로 1인 독재 시대였다고 투퀴디데스는 말했다. 펠로폰네소스 전쟁 발발에 가장 큰 책임이 있는 사람 중 한 명이다.

† 델로스 동맹은 아테네를 중심으로 한 동맹이다. 스파르타를 중심으로 한 동맹과 패권을 다투다 일어난 전쟁이 '펠레폰네소스 전쟁'이다.

크라테스는 "페리클레스 같은 사람들 때문에 나라가 붓고 속으로 곪게 되었다"고 《고르기아스》에서 비판했어요. 중요한 부분이니까 읽어볼게요.

자네(칼리클레스)는 아테네인들에게 호화로운 잔치를 베풀고 그들이 요구해 온 것들로 진수성찬을 차려준 사람들(페리클레스 등)을 칭송하고 있네. 그리고 그들은 저들이 나라를 위대하게 만들었다고 말하네.

　그 사람들 때문에 나라가 붓고 속으로 곪았다는 것을 깨닫지 못하고 그렇게 말하고 있단 말일세. 저들은 절제와 정의를 갖추지 않은 채 항구, 조선소, 성벽, 공물 같은 하찮은 것들로 나라를 가득 채웠기 때문이지. 그런데도 나라를 몹시 허약하게 만든 질환의 발작이 일어났을 때, 사람들은 곁에 있는 진정한 조언자들은 탓하고, 나쁜 것들을 가져온 원인인 테미스토클레스[†](기원전 528~462년경)와 키몬[‡](기원전 478년)과 페리클레스를 칭송하네.[§]

* 힘이 곧 정의라고 생각한 소피스트로, 현대에서는 니체가 좋아한 인물이다.

† 군항 건설과 해군 증강에 힘써 아테네를 그리스 제1의 해군국으로 성장시켜 페르시아 전쟁의 승리를 이끌었던 집정관이다.

‡ 아테네의 장군으로 선출되어 델로스 동맹 결성에 힘썼다.

§ 플라톤 저, 김인곤 옮김, 《고르기아스》(이제이북스, 2014), 518e~519a

페리클레스는 이른바 '아테네의 황금기'를 이루어낸 사람
아닌가요?

야옹샘 그보다는 아테네에 석양빛을 가져왔다고 하는 게 맞을 것
같아요. 장엄하지만 곧 소멸될 석양빛! 페리클레스가 원인
을 제공해 일어난 전쟁이 끝났을 때, 아테네엔 더 이상 빛
이 없었거든요. 소크라테스가 법살法殺, 즉 법의 이름으로
살해된 것도 그 뒤끝이었고요.

　　민주주의자라고 일컬어지는 제국주의 아테네의 시민들
이 얼마나 무자비했는지는 아테네 장군이었던 투퀴디데스
가 쓴《펠로폰네소스 전쟁사》에 잘 나와 있어요. 뭉술이가
한번 읽어볼까요?

아테네인들이 포위 공격을 강화한 데다 멜로스(아테네가 멸망시킨 중
립국) 내부에 배신자가 생겨 멜로스인들은 아테네인들에게 무조건
항복했다. 아테네인들은 멜로스 주민 가운데 성인 남자를 잡히는 족
족 다 죽이고, 여자와 아이들은 노예로 팔았다. 아테네인들은 훗날
5백 명의 이주민을 보내 그곳을 자신들의 식민지로 만들었다.†

---

*　서양인들은 이 책 때문에 투퀴디데스를 '역사학의 아버지'라고 한다. 그리스 도시국가들
　의 몰락 원인을 잘 알 수 있는 책이자, 전쟁사의 고전이다.

†　투퀴디데스 지음, 천병희 옮김,《펠로폰네소스 전쟁사》5권(숲, 2011), 116장.

범식   민주시민인 아테네인들이 그렇게 잔인했다는 게 믿어지지
        않아요.

🐟   자기 나라 안에서는 민주주의를 하면서 나라 밖에서는 제
        국주의를 관철시키는 나라들의 꼬락서니를 현대사에서도
        많이 보았지!

야옹샘   현대 제국주의자들은 그런 제국주의 체제를 이끄는 인간
        들의 실제 마음이 무엇인지 숨기고 챙길 것만 챙기지만, 옛
        날 아테네인들은 노골적으로 말했어요. 아테네 사절단이
        멜로스 의원들을 만나 협박하는 내용에 잘 나와 있어요.
        자, 이번에는 범식이가 읽어볼까요?

        우리(아테네)를 해롭게 한 적이 없다는 말로 우리를 설득할 수 있다
        고 기대하지 마시오. (……) 정의란 힘이 대등할 때나 통하는 것이
        지, 실제론 강자는 할 수 있는 것을 관철하고, 약자는 거기에 순응
        해야 한다는 것쯤은 여러분도 우리 못지않게 아실 텐데요. (……)
        설령 우리 제국이 종말을 고한다 해도 우리는 나중에 일어날 일 때
        문에 의기소침하지 않을 것이오. (……) 우리가 여기 온 이유는 우
        리 제국의 이익을 위해서이며 (……) 우리는 힘들이지 않고 여러분
        을 우리 제국에 편입시키고 싶소. (……) 양쪽의 이익을 위해 여러
        분이 살아남기를 바라오.

신에게는 아마도, 인간에게는 확실히, '지배할 수 있는 곳에서는 지배하는 것이 자연의 변하지 않는 법칙'이라고 우리는 이해하고 있소. 이 법칙은 우리가 제정한 것도 아니고, 이 법이 만들어지고 나서 우리가 처음으로 따르는 것도 아니오. 우리는 이 법칙을 하나의 사실로 물려받았고, 후세 사람들 사이에 영원히 존속하도록 하나의 사실로 물려 줄 것이오.

우리는 이 법칙에 따라 행동할 뿐이며, 여러분이나 다른 누구도 우리와 같은 권력을 잡게 되면 우리처럼 행동할 것이오. 따라서 우리가 신들에게 불이익을 당할 것이라고 두려워할 아무런 이유가 없는 듯하오.*

뭉술   오오~ 소름이 돋네! 이런 것도 '솔직하다'고 해야 하나?

범식   민주투사 김근태†를 이근안이 전기 고문을 포함해 이루 말할 수 없는 고문을 하면서 했다는 지껄임과 똑같은데!

뭐라고 했는데?

범식   "시대가 바뀌면 네가 나를 고문해라!" 대박이지?

캐순   대박! 하지만 어쨌든 아테네는 제국주의를 해서 '아테네의 황금기'를 만든 거잖아?

---

*   투퀴디데스 지음, 천병희 옮김, 『펠로폰네소스 전쟁사』 5권(숲, 2011), 89~105장.

†   1970~80년대 우리나라의 민주화 운동에 헌신했던 인물이다.

야옹샘   그렇게 한 번 반짝이고선, 아테네를 비롯한 그리스 전체가 2,000년이 넘도록 다시는 빛을 발하지 못했죠.

뭉술   전쟁이라는 게 그렇게 심각한 건가요?

내전 없이 외국과 벌인 전쟁이었다면 그렇게 심각하게 몰락하지 않았을 수도 있어요. 강유원 박사*가 지적했듯이, 펠로폰네소스 전쟁은 내란과 외란이 동시에 있는 "이중 전선"의 형태를 띠고 있었어요. 6 · 25 전쟁(한국 전쟁)과 똑같죠. 남쪽과 북쪽이 전쟁하는데, 남쪽 내에도 북쪽 편이 있고, 북쪽 내에도 남쪽 편이 있으며, 외국 군대까지 들어와 함께 전쟁을 치르는, 즉 내전과 전쟁이 겹쳐있는 상황이 펠로폰네소스 전쟁과 정확히 일치해요.

이런 식의 전쟁이 얼마나 인간성을 파괴해 버리는지는 앞서 인용한 부분에서 충분히 봤을 거예요. 하지만 그것은 외부를 향하는 데서 끝나지 않아요. 자기 나라 내부를 향해서도 똑같은 일이 일어나죠. 펠로폰네소스 전쟁 연구의 권위자인 도널드 케이건†의 말을 들어 보죠. 제가 읽어볼게요.

이제 위험에서 벗어난 민주파(과두정치 또는 참주정치를 반대하고 시

---

*   헤겔을 전공한 학자로 《역사고전강의》 등 많은 책을 지었다.

†   미국의 우파 학자로 예일 대학교 고전-역사학과의 석좌교수이다.

민이 권력을 잡는 정치를 내세움)는 내전의 강력한 동기인 분노와 증오를 폭발시켰다. 정치적 처형은 단순한 살인으로 타락했다. 사람들은 사적인 복수와 돈 때문에 살해되었다. 불경과 신성모독은 일상적인 일이 되었다. "아버지가 아들을 죽이고, 사람들이 신전에서 끌려나와 신전 옆에서 살해되었고, 어떤 이들은 디오니소스 신전에 감금된 채로 죽었다."(3.83.5) 이런 참혹한 일들은 투퀴디데스에게 전시의 내전이 낳는 사악한 결과를 묘사할 기회를 주었고, 그의 장엄한 역사 서술의 몇 부분은 어두운 예언적인 지혜들로 가득 차 있다.

투퀴디데스가 말하기를, 이러한 잔학행위는 거대한 전쟁이 낳은 일련의 내전들에서 벌어질 많은 결과들의 첫 번째 일에 불과했다. 각 국가에서 민주파는 자신들의 적에 대항해서 아테네에 도움을 요청할 수 있었고, 한편 과두파(30인 과두정치처럼 소수가 권력을 잡는 체제)는 스파르타에 그렇게 할 수 있었다. "평화로운 시기였다면 그들에게는 그렇게 할 만한 핑계나 욕망이 없었을 것이다. 그러나 양편이 싸우고 있었기 때문에 여러 나라의 각 분파들은 만약 그 지방의 정부를 전복시키기 원한다면 한편 혹은 다른 편을 동맹으로 쉽게 끌어들일 수 있었다."(3.82.2)

투퀴디데스는 또 말한다. "분파들 때문에 도시들에서 많은, 그리고 끔찍한 일들이 벌어졌다. 그러한 일들은 지금도 벌어지고, 인간의 본성이 그대로인 한 언제나 벌어질 것이다."(3.82.2) "평화롭고

번영하는 시대에는 문명과 잔인한 야만을 분리해 주는 물질적 부유함과 안보의 망이 찢어지지 않았고 사람들도 짐승같이 변하지 않았기 때문에, 사람들과 각 국가들이 합리적으로 행동한다. 그러나 사람들에게서 편안한 만족과 일상적 필요를 빼앗아가는 전쟁은 사람들의 성향을 그 환경과 같게 맞추는 난폭한 선생이다."(3.82.2)

당파에 대한 소속감과 충성심이 가장 높은 덕으로 간주되었기 때문에 그것이 다른 모든 것들을 뒤덮고 전통적 도덕성의 모든 제한들을 폐기하는 행위를 정당화했다. 광신적인 행위와 등 뒤에서 적을 파멸시키려고 계략을 꾸미는 배신 역시 마찬가지로 존경받았다. 이러한 일들을 거부하는 것은 적을 두려워하여 당파의 통일성을 해치는 행위였다. 맹세는 그 의미를 잃고 표리부동의 도구가 되었다.

이러한 공포 상태는 분파 전쟁이 벌어졌을 때 전형적으로 나타나는 개인적인 탐욕, 야망, 그리고 권력에 대한 욕심의 결과였다. 양분파의 지도자들은 그럴싸한 구호들—한편에서는 "시민에게 정치적 평등을", 다른 편에서는 "탁월한 자들에 의한 온건한 통치"—을 내세웠지만, 그들은 가능한 모든 사악한 속임수를 이용했고, 어느 당파에도 속하지 않은 사람들을 '싸움에서 자기편을 들지 않았기 때문에, 혹은 그들이 살아남은 것에 대한 질투 때문에'(3.82.8) 살해하기까지 했다.

---

* 도널드 케이건 지음, 허승일 · 박재욱 옮김, 《펠로폰네소스 전쟁사》(까치, 2006), 151~152쪽.

딱 6 · 25 때와 그 이후 우리의 모습이네. 2,000년도 더 전에
투퀴디데스가 전쟁과 내란이 한 나라와 거기에 속한 인간
들을 어떻게 황폐하게 하는지를 알려줬는데, 우린 그것에
서 깨달음을 얻지 못하고 그들이 했던 짓을 똑같이 했단 말
인가!

캐순 소크라테스의 삶도 험난했구나. 일제 강점기를 지내온 것
만으로도 부족해 동족을 서로 죽이는 끔찍한 6 · 25 전쟁을
겪은 우리 어른들과 비슷한 시대를 살았으니!

6 · 25 때 태어나지 않아 천만 다행이야.

02

신이 말하는 '가장 지혜로운 자'

뭉술이와 범식이, 캐순이는 야옹샘을 따라 명동 성당에 왔다. 야옹샘은
신이 말하는 '지혜로운 사람'은 어떤 사람일지 세 친구에게 물으신다.

명망 높은 자들의 결함

소크라테스: 그날부터 저는 잇달아 사람들을 찾아갔습니다. 이런 일로 미움을 산다는 것을 알았기에 슬프고 두려웠습니다. 하지만 저는 신의 일이 가장 중요하다고 생각했기에, 신탁의 의미를 알아내고자 그것을 알고 있을 만한 사람들은 죄다 찾아갔습니다.

아테네인 여러분, 진실을 말하기 위해 개에 맹세합니다. 신의 뜻을 알기 위해 캐묻고 다닌 결과, 저는 다음과 같이 느꼈습니다. '명성이 드높은 사람일수록 사실은 흠이 많고, 못났다고 여겨지는 사람들이 오히려 사리에 더 밝구나!'

---

*   이집트 신 중에는 개가 있는데, 그리스 신 '헤르메스'에 해당된다.

신탁이 틀림없는 사실이라는 것을 확신하도록 저는 여러분에게 제 편력(무언가를 이루기 위한 고난의 과정) 이야기를 들려드리고 싶습니다. 그것은 헤라클레스의 12고역*과도 같은 고난이었습니다. 정치가들을 만난 뒤 저는 비극 시인들과 디튀람보스 시인들,† 그 밖의 다른 시인들을 찾아갔습니다. 그들보다 제가 더 무지하다는 게 곧장 드러나길 바라서였지요. 저는 그들이 공을 가장 많이 들여 지었을 작품을 골라 무슨 뜻으로 그렇게 썼는지 캐물었습니다. 뭔가 배울 것이 있으리라 여겨서 그랬지요.

여러분, 멋쩍지만 여러분에게 진실을 알려야만 합니다. 옆에 있던 사람이 작가 자신보다 그 작가의 작품을 더 잘 설명했습니다. 그래서 저는 시인들에 관해서도 곧장 깨달았습니다. '시인들은 지혜로 시를 짓는 것이 아니라 일종의 소질과 영감으로 시를 짓는구나. 그리고 이들의 영감은 예언가나 신탁을 알려주는 자들의 그것과 같구나.'

아름다운 말을 많이 하지만, 자신들이 무슨 말을 하고 있

는지 알지 못한다는 점에서 시인들이나 그들이나 비슷했으니
까요. 저는 또한 시인들이 자신들은 시인이어서 다른 일들에
관해서도 가장 잘 안다는 자만심을 갖고 있다는 것을 깨달았
습니다. 사실은 전혀 그렇지 않은데도 말입니다. 그래서 저는
제가 정치가들보다 더 낫다고 여겼던 바로 그 면에서, 이들보
다도 역시 더 낫다고 여겼습니다. 저는 그렇게 그들 곁을 떠
났습니다.

지혜로운 자를 찾아나선 소크라테스

소크라테스: 마지막으로 저는 장인들에게 갔습니다. 저야 아는 것이 거의 없지만, 그들만은 많은 지식이, 그것도 훌륭한 지식이 있으리라고 확신했기 때문입니다. 이 점에서 제 생각은 틀리지 않았습니다. 그들은 정말로 제가 모르는 것들을 알고 있었습니다. 전문 지식에 있어서는 저보다 더 현명했지요.

하지만 아테네인 여러분, 빼어난 장인들 역시, 시인들의 잘못을 똑같이 저지르고 있는 듯했습니다. 자기 분야에서 빼어난 기술을 갖고 있다는 이유로, 나라를 운영하는 것과 같은 가장 중요한 일에서도 자기들이 가장 현명하다고 생각했습니다. 이런 잘못은 그들이 가진 현명함마저 보잘 것 없게 했습니다.

그래서 저는 신탁을 대신해 제 자신에게 물었습니다. 장인들처럼 현명하지도 않지만 그렇다고 무지하지도 않은 제 자신을 받아들일 것인지, 아니면 그들의 두 측면을 다 받아들일 것인지 말입니다. 저는 제 자신과 신탁에 응답했습니다. 지금 이대로가 내게 더 낫다.

캐순 '순례'라고 해야 하나? '앎'이 있는 자를 찾고 싶어 하는 소크라테스의 욕망을……

범식   오죽했으면 자기의 그런 행동을 "헤라클레스의 12고역"에 빗댔겠어.

캐순   '난장판이 되어 버린 아테네 사회를 구원할 길은 뭘까?' 하며 "헤라클레스의 12고역"을 감당했겠지?

🧑   재판관을 비롯해 아테네 시민들은 소크라테스의 그 말을 어떻게 받아들였을까?

뭉술   보나마나 '헛소리하고 있네!' 했겠지.

범식   전쟁과 내란을 거치며 보편, 진리, 도덕, 이런 게 어디 있냐고 생각하는 사람들에게 소크라테스의 물음은 성가신 것에 지나지 않았고, 오히려 그럴 듯하게 말께나 꾸밀 수 있는 자들을 우스꽝스럽게 만들려는 나쁜 놈이라고 생각했겠지.

👩   그 정도는 아니더라도, 현실을 모르는 철부지라고는 생각했겠지.

야옹샘   실제로 《고르기아스》에 보면 소크라테스에게 '철학은 젊었을 때 한때 하는 것이지 나이가 들어서도 철학하는 것은 꼴불견'이라는 투로 쏘아붙이는 사람이 있어요.

캐순   순례의 길을 끝마치도록 '참으로 아는 자'를 만나지 못한 소크라테스의 심정은 어땠을까?

범식   인간적인 지혜가 가진 한계에 대한 처절한 깨달음이었겠지.

뭉술   아테네의 몰락을 예감했겠지.

야옹샘   소크라테스 때 아테네의 지식인들이 가장 경계했던 것 중
        의 하나가 그리스 말로 '휘브리스hybris'라고 하는 '오만'이
        었어요. 그리스 비극 여기저기에 켜켜이 박혀 있죠.

범식   투퀴디데스가 파악한 대로 '아테네의 제국주의가 문제의
        근본 원인'이라면, 그것을 가능하게 한 힘은 '아테네인의
        오만'이라고 할 수 있겠네요?

캐순   그래서 눈 밝은 사람들이 비극 여기저기에 오만에 대한 경
        고를 넣었겠죠.

🧑   그리스 사회 전체를 전쟁통 속으로 잡아넣은 뒤, 페리클레
        스가 아테네인의 단결을 위해 민회에서 연설하는 장면이
        있는데, 거기서 그는 '아테네는 그리스 전체 도시국가들의
        학교'라는 표현을 써요.

캐순   소크라테스의 '인간치고 참으로 아는 자는 없다'는 생각과
        그 생각은 완전히 반댄데?

범식   그렇지. 페리클레스는 아테네가 그리스 도시국가의 선생
        노릇을 해야 한다고 말한 셈이니까.

😠   제국주의의 길을 가면서?

캐순   미국과 소련이 최근에 생긴 게 아니구나!

소크라테스: 아테네인 여러분, 이처럼 찾아다니며 캐물은 것 때문에 저에게는 미운 털이 깊이 박혔습니다. 이로 인해 지독한 모함을 받았지요. 한편 '현자'라고 불리게 된 것도 그 때문이었습니다. 제가 다른 사람의 주장을 논박할 때, 옆에서 듣고 있던 사람들이 그 주제에 대해선 제가 잘 안다고 생각했기 때문입니다.

하지만 여러분, 신만이 참된 현자이십니다. 신은 저에 관한 신탁을 통해 인간의 지혜란 별로, 아니 전혀 가치가 없다고 말씀하시는 것 같습니다. 신은 저를 단지 하나의 본보기로 사용하셨을 따름입니다. "오, 인간들이여! 그대들 가운데 가장 지혜로운 자는 소크라테스와 같은 사람이니라." 이렇게 말씀하시기 위해서였던 것 같습니다.

이 때문에 저는 아직도 신의 뜻에 따라, 현자라고 생각되는 사람을 찾아다닙니다. 시민이든 이방인이든 가리지 않습니다. 제 눈에 그가 지혜롭지 않게 보이면, 저는 신을 도와 그가 지혜롭지 않다는 것을 보여줍니다. 이 일을 수행하느라 저는 국가를 위해서도 가정을 위해서도 짬을 내지 못해, 몹시 가난하게 살아가고 있습니다. 신을 섬기느라 말입니다.

아내 크산티페와 소크라테스

철인 소크라테스에게 물바가지를 퍼부은 아내 크산티페. 2,000년을 건너는 동안 그 일로 악처의 대명사로 사람들의 입방아에 올랐다. 돈 한 푼 벌어다준 적 없는 남편은 툭하면 술동이를 사이에 놓고 친구들과 세상 일을 논하느라 집에 들어오지 않았다. 술에 취해 집에 들어온 적이 한 번도 없다는 게 다행이라 해야 할까? 돈 한 푼 안 벌고, 싸돌아만 다니는 남편을 둔 아내의 고달픔을 소크라테스는 알았을까? 알았으리라. 아내가 퍼붓는 물을 뒤집어쓰고서 "이제 천둥이 치겠군! 하늘에서 비가 내렸으니!"하며 웃었다지 않은가.

캐순 　소크라테스의 이 태도는 사람들을 무척 난처하게 했겠는데?

뭉술 　쪽팔리게 했겠지. 폼 잡고 살았는데 졸지에 무식한 자가 되었잖아.

범식 　그것도 그것이지만 반국가 사범으로 몰릴 수도 있었을 것 같아. 그때 아테네인들의 생각에, 가장 큰 일은 아테네 제국을 만들어내는 것이고, 그것 때문에 그리스 사회 전체를 전쟁통 속으로 몰아넣었어. 그런데 거기에다 대고 '인간의 앎이 뭐라고 그런 일들을 벌이고 있는가?'라고 말하는 거잖아.

🙂 　야옹샘! 소크라테스는 전쟁에 나가지 않았나요?

야옹샘 　소크라테스도 참전했어요.

범식 　참전했다면 자기 생각을 거스른 것이잖아요?

야옹샘 　그땐 소크라테스의 생각이 덜 여물었다고 여길 수도 있죠. 참전 경험이 '인간이란 얼마나 무지몽매無知蒙昧한가'를 깨닫게 해준 계기가 되었을 수도 있지 않을까요?

　　소크라테스가 징집이 되어 참전 중에, 어느 날은 해뜰 때부터 꼼짝도 하지 않고 한 자리에 붙박이처럼 서서 뭔가를 골똘히 생각하다가 해가 져도 한 발짝도 움직이지 않더니만, 그 자세 그대로 밤을 꼴딱 샜다는 소리가 있거든요. 전쟁터에 있던 군인이 무슨 생각을 그리도 골똘히 했을까요?

뭉술 　'죽느냐, 죽이느냐!'를 생각하고 있었을 듯.

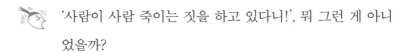 '사람이 사람 죽이는 짓을 하고 있다니!', 뭐 그런 게 아니었을까?

범식 전쟁은 그런 생각을 하게 만들겠지. 인간의 앎에 최대의 찬사를 늘어놓던 계몽주의가 실질적으로 깨진 원인이 제1차 세계대전 때문이라고 하니까.

캐순 그런 살육을 하고서도 인간을 위대하게 여길 수는 없지. 정신이 제대로 박힌 사람이라면!

뭉술 현대가 소크라테스의 고뇌를 부활시킨 셈이군.

캐순 꼭 소크라테스와 연관시키지 않더라도, 전쟁이 '인간의 앎이란 얼마나 하찮은가?'를 단적으로 보여주는 것은 확실해.

투퀴디데스도 전쟁은 인간을 짐승으로 만든다고 했다잖아.

뭉술 소크라테스의 순례가 진짜로 헤라클레스가 겪은 12고역이었겠는데!

범식 신화학자들은 헤라클레스의 12고역이 헤라클레스가 인간 세계에서 야만성을 물리치고 문명을 가져온 상징적인 표현이라고 보니까, 그렇다고 볼 수 있겠지.

진실을 시인하지 못하는 자들

소크라테스: 게다가 시간이 남는 젊은이들, 즉 부잣집 아들들이 자진하여 저를 따라다니게 되었는데, 그들은 사람들이

캐물음 당하는 꼴을 지켜보는 것을 좋아했습니다. 때로 젊은이들은 저를 흉내내어 다른 사람들에게 캐묻곤 했지요.

그러다가 그들은, 대단한 것을 안다고 스스로 생각하는 사람들 중에 사실은 별로, 또는 전혀 아는 게 없는 사람들을 숱하게 발견하곤 했습니다. 그런데 젊은이들에게 캐물음을 당한 사람들은 그들에게 화를 내는 대신 저에게 화를 내며 말했습니다. "소크라테스라는 혐오충이 젊은이들을 타락시키고 있다."

범식　소크라테스가 젊은이들을 타락시킨다는 소문이 돌 수밖에 없었겠다는 생각이 드네. 권위를 누리던 어른들이 젊은이들의 캐물음 앞에서 판판이 나가떨어졌을 때, 꼰대들이 할 수 있는 건 뻔하지. 우리 현대사를 보면 알 수 있어. 캐물음 자체에 불순분자(사상이나 이념이 한 사회나 조직 안의 것과 달라서 비판적으로 지적되는 사람—편집자)라는 딱지를 붙이는 거지.

범식　그렇게 캐물으며 살도록, 젊은이들을 잠에서 깨운 사람은 반국가 사범으로 만들고…….

캐순　그러면서 붙이는 죄목은 늘 코걸이 귀걸이지. 소크라테스에게도 그랬겠지?

불쌍한 소크라테스!

"소크라테스가 대체 무슨 짓을 했고 뭘 가르쳤기에 젊은이들이 타락했느냐?"고 누가 묻기라도 하면, 그들은 아무 대답도 못했습니다. 제가 무엇을 하는지 알지 못하니까요. 하지만 이들은 당황하지 않은 체하려고 철학자면 누구에게나 써먹을 수 있는 비난을 늘어놓았습니다. "하늘에 있는 것과 지하에 있는 것을 탐구한다"는 둥, "신들의 존재를 믿지 않는다"는 둥, "한참 못 미친 주장을 매우 좋은 주장으로 만든다"는 둥 말입니다.

아는 척했지만 사실은 아는 게 아무것도 없다는 진실이 명백히 드러났는데도, 그것을 시인하기가 싫어서 그랬겠지요. 그들은 명성에 대한 욕망이 강하고 과격합니다. 게다가 수도 많지요. 이런 자들이 저에 대해 그럴싸한 말을 늘어놓으며 오랫동안 심한 비방으로 여러분의 귀를 채웠습니다.

이것에 힘입어서, 멜레토스와 아뉘토스, 그리고 뤼콘이 저를 공격한 것입니다. 멜레토스는 시인들을, 아뉘토스는 장인들과 정치가들을, 뤼콘은 웅변가들을 대표해 저에게 적의를 표출하고 있습니다. 제가 첫머리에서 말했듯, 이토록 오랜 시간 동안 쌓인 편견을 이 짧은 시간에 여러분에게서 없앨 수 있다면 저 자신도 놀랄 겁니다.

아테네인 여러분, 이것이 진실입니다. 크든 작든 저는 아무 것도 숨기지 않았고 회피하지도 않았습니다. 이런 태도 때문에, 저에게 미운 털이 박혔다는 사실도 잘 알고 있습니다. 하지만 이것은 제 말이 옳다는 증거이기도 합니다. 또한 저에 대한 편견의 근원이 어디에 있는지를 밝히는 것이기도 합니다. 여러분께서 언제라도 조사해 보시면 제 말이 사실 그대로임을 알게 될 것입니다.

뭉술   악의적으로 모함하는 인간들은 늘 활동적이지.

캐순   게다가 수가 많기까지 하면, 그들의 모함은 영락없는 사실로 둔갑술을 발휘하지!

우리나라의 모 방송인가보네!

캐순   똑같지는 않아. 그들은 자신들의 명예를 지키기 위해서였다지만, 우리나라의 그 방송엔 지킬 명예가 없어.

범식   증오는 있지. 때때로 적개심도 보이고…….

그건 그렇고, 야옹샘! 설득할 시간이 부족한 것을 소크라테스가 안타까워하는데, 변론 시간이 얼마나 되죠?

야옹샘   원고 피고 각각 3시간 정도씩 발언권이 주어지고, 단 한번에 끝나요.

03

죽음보다 치욕을
더 염려해야
하는 이유

캐순이와 범식이, 뭉술이는 야옹샘이 졸업한 대학 캠퍼스 잔디밭에 둘러앉아 이야기를 나누고 있다. 야옹샘은 세 친구에게 진리에 대해 말씀해 주신다.

소크라테스는 젊은이들을 타락시켰다?

소크라테스: 이로써 첫 번째 고발인들이 고발해 온 것에 대해선 여러분에게 충분히 해명한 것으로 해두겠습니다. 이제, 자신이 나라를 사랑하는 선량한 사람이라고 자처하는 멜레토스와 그 일당에 맞서 저를 변호하겠습니다. 마치 이들이 첫 번째 고발인들과는 완전히 다른 고발자인 것처럼 그들의 고발 진술서를 다시 검토해 보도록 하지요.

그 내용은 대충 이렇습니다. "소크라테스는 젊은이들을 타락시키고, 나라가 인정하는 신들 대신 다른 새로운 신들을 믿음으로써 범죄를 저지르고 있다." 이것이 바로 기소 사유입니다. 이 기소 사유를 하나하나 따져보도록 하지요.

멜레토스는 제가 젊은이들을 타락시키는 범죄를 저지르고

있다고 주장합니다. 하지만 아테네인 여러분, 저는 멜레토스야말로 범죄를 저지르고 있다고 주장합니다. 그는 여태껏 관심도 없던 일들을 진지하게 걱정하는 척함으로써 사람들을 함부로 법정에 끌어들이고 있기 때문입니다. 큰 일을 놓고 희롱하고 있는 거지요. 제 말이 사실이라는 것을 여러분에게 보여드리겠습니다.

자, 멜레토스여! 말해보시오. 그대는 우리 젊은이들이 최대한 훌륭해지는 것에 관심이 많지요?

멜레토스: 그렇습니다.

범식   멜레토스의 고소장 내용이나, 에우리피데스가 〈구름〉에서 소크라테스를 조롱했던 것이나 특별히 다르다는 생각이 들지 않네.

캐순   소크라테스는 이번에도 '~하는 척함'과 '정말로 그런 것'을 예리하게 갈라놓겠다는 거구만.

또 그 이야기야?

캐순   그런데 고발자가 평소에 젊은이에 대해 관심이 없었다 하더라도, 어떤 사람이 젊은이를 타락하게 했다고 고발할 수는 있는 거 아니야?

범식   가능하지. 그 대신 설득력은 확 떨어지겠지. 설득력도 설득

력이지만, '저 사람이 평소에 관심도 두지 않던 것에 왜 갑
자기 호들갑을 떨지?' 하며 재판관들이 고발자의 진정한
의도를 살피게 하고 싶었던 게 아닐까?

캐순 명목상의 고발을 파고들어 진정한 고발을 까발리겠다는
거네.

소크라테스: 자, 이번에는 여기 있는 분들께 말해주시오. 젊
은이들을 훌륭하게 만드는 이는 누구지요? 그대의 관심사이
니 모를 리 없을 겁니다. 그대는 젊은이들을 타락시키는 사
람을 찾아냈다며 여기 이분들에게로 나를 끌고 와 고발까지
했잖소. 그러니, 이제 그대는 젊은이들을 훌륭하게 만드는
이가 누구인지 이분들께 알려드리시오.

멜레토스여! 그대는 입을 열지 않는군요. 그대가 입을 열
래야 열 수 없다는 것을 알기나 하오? 이렇게 입을 봉하고 있
는 것은 부끄러운 일일뿐더러, 내 주장을 뒷받침하는 증거라
고 생각지 않나요? 애초에 그대는 젊은이들을 훌륭하게 만
드는 일에 아무 관심도 없었다는 내 주장 말이오. 말하시오.
젊은이들을 더 훌륭하게 만드는 이는 누구지요?

멜레토스: 법률입니다.

소크라테스: 오, 이보시오! 내가 묻는 것은 그게 아니오. 법

률을 제대로 아는 사람이 누구냐 말이오!

멜레토스: 여기 이 재판관들입니다, 소크라테스!

소크라테스: 멜레토스여, 무슨 말을 하고 있소? 이분들이 젊은이들을 가르쳐서 더 훌륭하게 만들 수 있다는 건가요?

멜레토스: 그렇고 말고요.

소크라테스: 설마 이분들 모두가 그런가요? 아니면 어떤 분은 그렇지만 다른 분은 그렇지 않은가요?

멜레토스: 모두요.

소크라테스: 헤라 여신께 맹세컨대, 반가운 소식이군요. 도움을 줄 수 있는 이들이 이토록 많으니 말이오. 그러면 이건 어떻소? 여기 이 방청객들도 젊은이들을 더 훌륭하게 만드나요?

멜레토스: 이분들도 그렇습니다.

소크라테스: 평의회 회원들은 어떻소?

멜레토스: 평의회 회원들도 마찬가지입니다.

소크라테스: 멜레토스여, 민회에 참석하는 민회 의원들은 젊은이들을 타락시키지 않나요? 그분들도 모두 젊은이들을 훌륭하게 만드나요?

멜레토스: 그분들도 그렇습니다.

소크라테스: 그렇다면, 나를 빼고는 아테네인 모두가 젊은이들을 아주 훌륭하게 만들고 있는 것 같소. 젊은이들을 타

락시키는 건 나 혼자이고요. 그런 뜻인가요?

멜레토스: 전적으로 그런 뜻입니다.

뭉술   '법률'이 젊은이들을 더 훌륭하게 만든다는 말은 훌륭한 답
변 아닌가?

범식   훌륭하지. 하지만 법률 자체는 글자일 뿐이잖아. 법률의 취
지와 의미를 잘 아는 사람이 아니면, 법률이 엉뚱하게 쓰일
수도 있어.

      법률 전문가가 젊은이들을 더 훌륭하게 만들 수 있다는 말
이 이상하지 않니? 법학자가 곧 교육자란 소리잖아. 그런
데 소크라테스도 그 점에 대해선 심각하게 문제 삼고 있지
않아.

야옹샘   그리스인이 생각했던 법의 의미와 지금 우리가 생각하
는 법의 의미가 달라서 그럴 거예요. 헤로도토스(기원전
484~425년경)가 쓴 《역사》에 그리스인의 법에 대한 생각이
잘 나온 부분이 있어요. 캐순이가 읽어볼까요?

그들은 자유롭습니다만, 전적으로 자유로운 것은 아닙니다. 그들

---

*   로마의 사상가인 키케로는 헤로도토스를 역사의 아버지라고 했다. 그는 역사를 시詩가
아닌 실증적 방식으로 쓴 그리스 최초의 책인 《역사》를 집필했다.

은 법(法, 노모스)이라는 왕을 섬기고 있습니다. 그들은 이 왕이 명하는 대로 행동하는데…….

　동양인에게 법이 행동을 제한하는 소극적인 의미가 강하다면, 그리스인에게 법은 행동을 촉구하는 적극적인 의미가 강했다고 할 수 있죠. 그들의 삶을 이끄는 일종의 지도자인 거지요. 그런 점에서 멜레토스의 말은 당시 그리스인의 상식을 대변하고 있다고 볼 수 있어요.

범식　소크라테스도 그런 상식을 부인하는 것은 아니라고 생각해. 다만 더 깊게 들어가서 법률을 운용하는 것은 사람이라는, 평범한 것을 지적하고 싶었을 뿐일 거야.

　그런데 그런 평범한 물음에 대한 멜레토스의 답변은 이상해. 소크라테스만 빼고 아테네 시민 모두가 젊은이들을 더 훌륭하게 만들 수 있다는 말은 억지라는 생각이 들거든. 재판관에게 잘 보이려고 그랬나?

뭉술　교언영색이 곧 설득력이니까.

범식　그것도 있겠지만, 아테네의 모든 시민 중에서 제비뽑기로 재판관을 뽑은 거니까, 그 바탕엔 아테네 시민 모두 법에 대해 잘 안다는 생각이 깔려있는 거라고 여겨서 멜레토스가 그렇게 말한 게 아닐까?

캐순   그럴 수도 있겠네. 하지만 멜레토스의 말은 이상해. 뭐가 문제지?

소크라테스: 그대 말대로라면 나는 무척이나 불운하군요. 그렇지만 대답해 주시오. 말[馬]들의 경우에도 그러하오? 모든 사람이 말들을 더 낮게 만드는데, 단 한 사람이 말들을 망친다고 그대는 생각하오? 아니면 이와는 정반대라고 생각하오? 말들을 더 낮게 만들 수 있는 사람은 단 한 사람이나 극소수의 사람들, 즉 말 전문가들뿐이고, 대부분의 사람들은 말을 이용하면서 말을 망쳐놓지 않나요? 멜레토스여, 말만이 아니라 다른 모든 동물의 경우에도 그렇지 않나요? 그대와 아뉘토스가 인정하든 안 하든 틀림없이 그럴 것이오.

　젊은이들을 타락시키는 자는 단 한 사람뿐이고 다른 사람들은 모두 젊은이들을 이롭게 한다면, 우리 젊은이들에게 아주 복된 일이오. 하지만 멜레토스여, 그대는 그대가 젊은이들에게 마음을 쏟은 적이 없음을 너끈히 보여주었소. 그대가 나를 법정에 세우면서 내세웠던 그 일에 그대는 전혀 관심이 없었다는 걸 또렷이 보여주었단 말이오.

캐순   소크라테스는 '전문가주의자'인데?

범식   맞아, 현대 사회와 딱 들어맞아. 소크라테스의 주장은 '병은 의사에게, 교육은 교육가에게!' 뭐 이런 거잖아?

캐순   지금 교육가에게 교육을 맡겨놓고 보니 교육 문제가 심각하고, 법관에게 법과 재판을 맡겨놓고 보니 법과 재판이 심각하잖아. 소크라테스가 틀린 거 아닐까?

범식   그렇다고 멜레토스의 주장처럼 모두가 교육을 할 수 있고 의사 노릇을 해도 되는 사회는 더 심각하지 않을까?

🙂   그럼 나도 교수 되고 의사 될 수 있는 거야?

🙂   글쎄다~! 의사보단 요리사가 더 어울릴 듯. 어떻게 하는 것이 올바른 교육이고, 그 능력을 갖춘 사람은 누구인가를 끊임없이 물어 기존의 생각과 제도를 고쳐야겠지만, 그렇다고 자격을 갖춘 사람만 할 수 있도록 하는 제도를 통째로 없앨 수는 없다고 생각해.

캐순   그게 맞다면, 소크라테스의 논박으로 멜레토스는 정말로 '젊은이의 교육'에 대해 전혀 생각이 없는 사람이 된 거잖아. 누구나 젊은이를 잘 교육할 수 있다고 했으니까.

범식   그건 그렇고, 잘 따져보면 멜레토스가 교육자를 전면적으로 열어놓은 것도 아니야. 그 또한 상당한 정도로 제한하고 있어. 아테네 시민은 아테네에 사는 사람들 중 일부에 지나지 않잖아. 아테네 여자는 단 한 명도 멜레토스가 말하는 시민이 아니니까. 그 자신은 의식하지 못했겠지만 그는 성별 · 신분주의자일 뿐이야.

 소크라테스는 여자에게도 교육 능력이 있다고 생각했을까?

플라톤[*]이 지은 《국가》[†]에서 소크라테스는 여성이 철학을 못 할 이유가 없다고 밝혀요. 옛날 사상가치고 여성을 남성보다 열등한 존재로 여기지 않은 사람이 드물었는데, 소크라테스는 희귀하게도 남성 · 여성이 아니라 인간이란 관점에서 접근하고 있어요. 정치를 담당하고 최고의 지도자가 되는 문제에 있어 남성과 여성의 차이는, 대머리와 대머리 아닌 자의 차이 정도라고 말하고 있으니까요.

뭉술   대머리와 대머리 아닌 것은 큰 차이인데요! 큭큭큭!

소크라테스: 멜레토스여, 제우스에 맹세코 말해주시오. 선량한 시민들과 함께 사는 게 더 낫소, 아니면 못된 시민들과 사는 게 더 낫소? 이봐요, 대답하시오. 어려운 질문이 아니지 않소? 못된 자들은 늘 가까운 이웃들에게 뭔가 나쁜 영향을

---

[*] 소크라테스의 제자로 정치가가 꿈이었으나, 스승이 사약을 마시고 죽는 걸 본 뒤 사상가로 돌아섰다. 서양철학자인 화이트헤드가 "서양철학은 플라톤 철학의 해설이다"라고 말했을 정도로 중요한 인물이다.

[†] 올바른 나라를 만드는 것과 올바른 지도자를 기르는 방법을 꼼꼼하게 생각해 본 플라톤의 대표 저작이다.

끼치지만, 착한 사람들은 좋은 영향을 끼치는 게 아니겠소?

멜레토스: 물론이지요.

소크라테스: 그렇다면 주변 사람들에게 도움을 받는 게 아니라 해코지당하기를 원하는 사람도 있을까요? 이봐요, 대답하시오. 법도 대답을 요구하고 있소. 자기가 해코지당하는 것을 바라는 사람이 있을까요?

멜레토스: 당연히 없습니다.

소크라테스: 좋아요. 그대는 내가 젊은이들을 타락시켰다는 말로 나를 법정에 세웠소. 그러면 내가 일부러 그렇게 했다는 말이오, 아니면 본의 아니게 그렇게 했다는 말이오?

멜레토스: 일부러 그렇게 했다고 생각합니다.

소크라테스: 아니, 멜레토스여! 그게 무슨 말이오? 그대는 그 젊은 나이에 나잇살 깨나 먹은 나보다 더 지혜롭다는 말이오? 못된 자들은 늘 가까운 이웃들에게 뭔가 나쁜 짓을 하지만, 착한 사람들은 이웃들에게 착한 일을 한다는 것을 그대는 알고 있소. 그런데 나는 주변 사람들 가운데 누군가를 못된 놈으로 만들면 그에게 내가 해코지당할 수 있다는 것조차 모를 만큼 무지하다고 여긴단 말이오? 그래서 그대가 주장한 것처럼 일부러 그런 못된 짓을 저질렀단 말인가요, 내가?

멜레토스여, 나는 그대의 주장을 납득할 수 없소. 다른 사람 역시 납득하지 못하리라 생각하오. 내가 젊은이들을 타락시키지 않았거나, 타락시켰다 하더라도 본의 아니게 그렇게 했겠지요. 어느 쪽이건 그대는 거짓말로 사람들을 속인 것이 되오. 내가 본의 아니게 타락시켰다면, 나를 법정에 세울 것이 아니라 개인적으로 나를 붙잡고서 가르치고 훈계해야 했소. 그게 법도에 맞는 일이지요. 가르침을 받아 이해가 되면, 나는 분명 본의 아니게 저지르고 있던 짓을 그만두게 될 테니까요.

하지만 그대는 나에게 가르쳐주기를 주저하고 피했을 뿐 아니라, 나를 법정에 세우기까지 했소. 가르침이 필요한 사람이 아니라, 처벌이 필요한 사람을 법정에 세워야 하지 않겠소? 그게 법의 요구이니 말이오.

 여기서는 소크라테스의 논리에 구멍이 뻥뻥 뚫려 있는데?
뭉술 주변 사람을 타락시켜서 자기 이익을 취하는 사람이 셀 수도 없이 많잖아.
캐순 나는 조금 다르게 생각해. 소크라테스가 생각한 '이익'의 의미가 일반 사람들이 생각한 이익의 의미와 같을까?
범식 그건 철학적인 문젠데…….
 소크라테스는 철학자잖아.

캐순   멜레토스가 평소에 생각해 보지 않은 철학적인 문제여서 대답을 못하다가 소크라테스의 다그침에 마지못해 승인을 해준 거라고 봐야하지 않을까?

야옹샘   소크라테스가 생각한 손해와 이익의 문제는 뒤에 나오니까 그때 다시 논의하도록 하죠.

캐순   네, 야옹샘. 그런데 그건 그렇고 나이 가지고 찍어 누르려 하다니, 소크라테스도 별 수 없는 꼰댄가?

뭉술   철학자답지 않은데!

그게 포인트가 아니잖아! 나이를 들먹이는 것은 문제지만, 소크라테스가 고의적으로 젊은이를 타락시켰다고 말하는 것도 역시 문제야.

캐순   소크라테스가 타락시킨 젊은이를 예시로 드는 게 고발자에게 유리할 텐데, 멜레토스는 왜 그렇게 하지 않았지?

범식   그렇게 한다 하더라도 '고의성'은 따로 논증해야 해.

뭉술   소크라테스를 붙잡는 게 쉽지 않아. 그는 미꾸라지야~!

범식   오히려 멜레토스가 실없는 사람이 되고 있어. 멜레토스가 젊은이 교육 문제에 관심이 없었다는 것을 소크라테스가 또 부각시켰잖아.

'관심이 없다'는 말을 박종현 교수*는《에우티프론, 소크라

---

*   그리스 철학의 석학이며, 플라톤의 책을 많이 번역했다.

테스의 변론, 크리톤, 파이돈─플라톤의 네 대화편》에서
펀fun(말장난)으로 보려고 해요. 관심을 뜻하는 그리스어 발
음이 멜레토스와 비슷해서, 이 문장은 '멜레토스는 멜레토
스가 없다'는 식으로 읽힐 수 있다는 거죠.

범식   멜레토스에겐 멜레토스가 없다. 멋지게 한 방 먹이는군!
한마디로 멜레토스를 이름과 실질이 다른 놈이라며 조롱
하고 있는 거지.

멜레토스의 모순된 주장

소크라테스: 아테네인 여러분, 드디어 제가 말한 대로 멜레
토스는 이런 일들에 많건 적건 마음을 기울인 적이 없었다는
게 밝혀졌습니다. 그렇긴 하지만 멜레토스여, 말해주시오. 내
가 어떻게 젊은이들을 타락시켰다는 게요? 그대가 작성한 기
소장에, 나는 이 나라가 인정한 신들 대신 다른 새로운 신들
을 믿도록 가르침으로써 젊은이들을 타락시켰다고 되어 있
던데, 그게 맞나요? 내가 그렇게 가르침으로써 젊은이들을
타락시켰다고 주장하나요?

멜레토스: 분명 그런 뜻입니다.

소크라테스: 그렇다면 멜레토스여, 우리가 언급하고 있는
바로 그 신들에 걸고, 나와 여기 있는 분들에게 좀 더 확실하

게 말해주시오. 다음 중에서 어느 것이 그대의 주장인지 헷갈려서 그런다오. 내가 어떤 신들을 믿도록 젊은이들을 가르치긴 하는데, 그 신들은 이 나라가 인정한 신들과는 다른 신들이라는 이유로 고소한 건가요? 그렇다면 나는 신들의 존재를 믿으니 무신론자가 아닌 거고, 그 점에서 나는 불법을 저지르지 않은 것이오.

아니면 그대의 말은, 나는 신들을 아예 믿지 않을 뿐만 아니라, 다른 사람들에게도 그렇게 가르쳤다고 말하는 거요?

멜레토스: 제 말은 그거, 선생은 신들을 아예 믿지 않는다는 뜻입니다.

"국가가 인정한 신들 대신 다른 새로운 신들을 믿도록 가르쳤다"는 주장에서 어떻게 그리 갑자기 "그대는 신들을 아예 믿지 않는다"로 바뀔 수 있지?

범식 ' 자기가 고소해 놓고, 고소 내용에 큰 관심을 두지 않았다는 것을 멜레토스 스스로 입증하고 있어.

약발이 먹힌 거지! 소크라테스의 추궁이 약효를 발휘해 멜레토스의 정신이 오락가락하게 되었군.

캐순 혹시 아테네 법에 기존의 신이 아닌 새로운 신을 믿어서는 안 된다는 법이 없어서 그런 거 아니야? 그렇다면, 소크라테스를 얽어맬 거리가 없어지잖아.

범식   아테네엔 신들이 무척 많았을 뿐 아니라 디오니소스* 같은
      외래신도 믿는 사회였으니까, 새로운 신을 하나 추가했다
      고 사형에 처하지는 않았을 것 같아.

캐순   그 정도는 고발 전에 검토했을 것 아니야. 그렇다면 고발장
      을 쓸 때 '소크라테스는 신의 존재를 믿지 않는다'라고 썼
      어야지.

      고발의 핵심이 소크라테스의 신관神觀에 있는 것이 아니
      라, 젊은이를 타락시켰다는 쪽에 있었던 게 아닐까? 그런
      데 앞에서 봤듯이, 소크라테스의 논박을 통해 멜레토스 자
      신은 젊은이 교육에 대해 깊이 생각해 본 적도 없는 사람으
      로 입증되어버렸잖아. 그래서 고발의 핵심을 소크라테스
      의 불신앙으로 급히 튼 거라는 생각이 들어.

캐순   그렇게 하지 않으면 소크라테스를 잡을 수 없었을 테니까.

범식   한 술 더 떠서 무고죄로 멜레토스 자신이 처벌을 받을 수도
      있어.

      멜레토스도 바보가 아닌데? 머리를 핑핑 돌리고 있었어.
      너무 돌렸지만!

---

*   술과 풍요, 포도나무, 광기, 다산의 신으로 제우스와 세멜레의 아들이다.

소크라테스: 보시오, 멜레토스여! 그대는 어째서 그런 말을 하는 게요? 그러니까 남들이 해와 달을 신으로 여기는데, 나는 굳이 그것들을 신으로 여기지 않는다는 말인가요?

멜레토스: 재판관(배심원) 여러분, 제우스에 맹세코 그는 신을 인정하지 않습니다. 그는 해를 돌이라 하고 달을 흙이라 주장하기 때문입니다.

소크라테스: 친애하는 멜레토스여, 그대는 자신이 아낙사고라스˚(기원전 500~428년경)를 고소했다고 생각하시오? 그대는 여기 이분들을 그렇게 우습게 보는 것이오? 이분들이 클라조메나이 출신 아낙사고라스의 저술들에 그런 주장이 꽉 차 있다는 것조차 모를 정도로 어리석다고 생각한단 말이오?

그런 것들은 1드라크메(성인의 하루 품삯)만 주면 서점에서 살 수 있소. 그대는 정말로 젊은이들이 나한테 그런 것들을 배운다고 생각하오? 내가 그것들을 내 것인 양 가르치거나, 게다가 그대가 말한 것처럼 이상야릇한 내용을 가르친다면 젊은이들이 이 소크라테스를 실컷 비웃겠지요. 제우스에 맹세코, 내가 그렇게 정신 나간 사람인가요?

뭉술   멜레토스, 처참하다!

˚   천체 현상을 자연적 방법으로 이해하려 한 그리스 철학자이다.

어쩌자고 멜레토스는 아낙사고라스의 핵심 주장을 소크라 테스에게 덮어씌웠지?

캐순 아낙사고라스가 말한 것이라고 해서, 소크라테스는 그렇 게 생각하지 않는다는 말은 할 수 없잖아.

범식 그렇긴 하지만, 두 사람을 분간은 해야지.

뭉술 야옹샘! 아낙사고라스는 그런 주장을 하고도 무사했나요?

 아낙사고라스도 신에 대한 불경죄로 고발되어 추방형에 처해져 외국에서 죽었어요. 사형당할 수도 있었는데, 아낙 사고라스의 제자인 페리클레스의 변론 덕분에 벌금과 추 방형에 그쳤다고 해요.

범식 해와 달을 신으로 보지 않고, 단지 물질로 여기는 것은 자 연과학자들이나 소피스트에겐 상식 아닌가?

캐순 일부 지식인들에겐 상식이었지만, 일반 대중들은 여전히 자연물을 숭배하고 있던 거겠지.

범식 내 말은, 멜레토스의 말이 헛소리만은 아니라는 거지. 소크 라테스도 젊었을 때 자연과학을 탐구했다고 했잖아. 아리 스토파네스가 〈구름〉에서 소크라테스를 자연과학자이자 허풍쟁이로 풍자하고 조롱하기도 했어.

캐순 하지만, 소크라테스는 그것은 거짓이고 선입견이라고 했 잖아. 자기가 캐묻고 다니는 것은 자연과학자나 소피스트여서가 아니라, 아폴론 신탁에 따라 신의 뜻을 행하기 위한 것이라고 했어.

범식   그건 그야말로 소크라테스의 주장이지. 그 주장을 재판관들이 받아들이는가가 중요한 거잖아?

뭉술   그래서 멜레토스는 소크라테스에 대한 '그 소문'을 계속 물고 늘어지기로 한 거군.

캐순   26년 동안 번졌던 소문이 3시간 동안의 변론으로 사라지진 않겠지?

   그 점을 멜레토스가 이용하고 있어!

범식   뭉술이 말이 맞아. 소크라테스의 변론은 통쾌하기는 하지만, 판을 뒤집기에는 역부족인 거지.

캐순   그럼, 소크라테스는 무엇으로 자기 자신을 더 변호해야 할까?

범식   자기 자신이 신의 존재를 믿고 있다는 증거를 적극적으로 보여 줘야겠지.

소크라테스: 제우스에 맹세코, 내가 아예 신의 존재를 믿지 않습니까?

멜레토스: 제우스에 맹세코, 조금도 믿지 않습니다.

소크라테스: 멜레토스여, 나는 그대의 말을 신뢰할 수 없

소. 아마 그대 스스로도 신뢰하지 못할 것이오. 아테네인 여러분, 이 사람은 이렇게 경솔하고 오만방자합니다. 제게는 이 사람이 경솔함과 방자함, 그리고 젊은 혈기로 나를 고소한 것으로밖엔 보이지 않습니다. 그는 수수께끼를 내놓고 나를 떠보고 있기 때문입니다. "앞뒤가 맞지 않는 장난스런 내 말을 현자라 불리는 소크라테스가 알아차릴까? 아니면 그와 법정에 있는 사람들이 보기 좋게 속아 넘어갈까?"하며 떠보고 있습니다.

마치 그가 기소장에서 "소크라테스는 신들을 믿지 않습니다. 그런데 신들을 믿음으로써 불법을 저질렀습니다"라고 앞뒤가 통 맞지 않는 소리를 하고 있다고 여겨지기 때문입니다. 이것은 농지거리(희롱)일 뿐입니다. 여러분, 그의 말이 왜 앞뒤가 통 맞지 않게 여겨지는지 함께 살펴보도록 하지요.

범식   '자신이 신의 존재를 인정한다고 생각하느냐 그렇지 않다고 생각하느냐'라며 소크라테스는 멜레토스를 또다시 다그치고 있어.

   이 문제를 분명히 해 쐐기를 박자는 의도겠지.

뭉술   "제우스에 맹세코, 눈곱만큼도 인정하지 않습니다"라는 멜레토스의 말에 소크라테스가 단단히 화났나 보군!

캐순   오만방자, 경솔함, 젊은 혈기 등 소크라테스가 동원한 단어
      를 보면 놀랍기까지 해. 분노와 감정을 직설적으로 폭발시
      키고 있어.

  멜레토스가 모순된 것을 주장하면서도 눈 하나 깜짝하지
      않는다고 생각해서 그랬겠지.

캐순   모순과 이율배반을 밝히겠다는 거네!

소크라테스: 멜레토스여, 대답하시오. 그리고 여러분들께선
제가 변론 첫머리에서 부탁했던 말을 기억해 주시기 바랍니
다. 제가 평상시 말투대로 말하더라도 소란을 피우지 말아달
라는 부탁 말입니다.

   멜레토스여, 사람과 관련된 일은 있다고 믿으면서도 사람
은 없다고 믿는, 그런 사람이 있을 수 있나요? 여러분, 그가
대답할 수 있게 제발 조용히 해주십시오. 말은 없다고 믿으
면서도 말들과 관련된 일은 있다고 믿는 사람이 있을 수 있
나요? 혹은 피리 연주자는 없다고 믿으면서도 피리에 관련된
일은 있다고 믿는 사람이 있을 수 있나요?

   보시오! 그런 사람은 있을 수가 없소. 그대가 대답하는 걸
내켜하지 않아, 그대와 여기 있는 다른 분들을 위해 내가 대
신 대답했소. 하지만 다음 물음엔 그대가 대답해야 하오.

영적인 것들(다이모니온Daimonia, 소크라테스의 마음속에서 속삭이는 소리이자 수호령)은 있다고 믿으면서 영의 존재는 없다고 믿는 사람이 있을 수 있나요?

멜레토스: 없습니다.

소크라테스: 여기 이분들 때문에 그대가 마지못해 대답하긴 했지만 어쨌거나 그렇게라도 해주니 고맙소. 그런데 그대는 고발장에서 내가 영적인 것을 믿으며 남들도 그것을 믿도록 가르친다고 말했소. 그것이 새로운 것이든 옛것이든 말이오. 그대의 주장에 따르면 나는 영적인 것을 믿고 있소. 그대가 고발장에서 맹세까지 한 사실이오.

내가 영적인 것을 믿는다면, 나는 필연적으로 영의 존재도 믿고 있는 것이오. 그렇지 않소? 부정할 수 없을 것이오. 그대가 대답하지 않으니, 나는 그대가 동의하는 것으로 여기겠소. 그런데 우리는 영적인 존재를 신이나 신의 자식으로 여기지 않나요? 그렇소, 그렇지 않소?

멜레토스: 당연히 그렇습니다.

소크라테스: 그대가 말했듯 내가 영적인 존재를 믿고 있고, 영적인 존재가 일종의 신이라면, 그대는 내가 앞서 말한 것을 인정해야 하오. 내가 '그대는 수수께끼 같은 말로 나를 떠보고 있다'고 한 것 말이오. 처음에 그대는 내가 신들을 믿지

않는다고 말했는데, 이번에는 내가 영적인 존재를 믿으니 신들의 존재를 믿는다고 말하기 때문이오.

그리고 영적인 것들을 요정이 낳았건 전해오는 대로 다른 분이 낳았건 신들의 서자들이라면, 신들의 자식들은 있다고 믿으면서 신들은 없다고 믿는 사람이 있을 수 있나요? 이는 말과 나귀의 새끼인 노새는 있다고 믿으면서 말과 나귀는 없다고 믿는 것처럼 이상한 것이오.

멜레토스여! 그대는 우리를 떠볼 셈으로 나를 기소했거나, 그게 아니라면 나를 기소할 진짜 범죄를 찾지 못해 이런 내용의 기소를 제기했다고 볼 수밖에 없소. 한 사람이 영적인 것과 신적인 것은 믿으면서, 영의 존재도 신의 존재도 반인반신인 영웅도 믿지 않을 수 있다는 소리에 설득될 사람은 없소.

올바름과 목숨 중 둘 다를 가질 수 없을 때
소크라테스: 그러니 아테네인 여러분, 저는 멜레토스가 기소한 것과 관련해선 불법을 저지르지 않았으니 긴 변론이 필요 없다고 생각합니다. 이 정도만으로도 충분합니다.

뭉술   영적인 일은 믿으면서 영靈들의 존재를 믿지 않는다는 것은 내가 생각해도 확실히 모순이다.

범식   영들의 존재를 믿는다면, 신들의 존재도 믿을 수밖에 없지. 영들은 신 자신이거나 신에게서 파생된 것이니까.

캐순   영적인 것, 즉 다이모니온을 믿고 따른다는 소크라테스의 말, 그 말이 진짜인가가 논란의 핵심이겠는데?

⬛   소크라테스가 그것을 입증할 수 있는 길은 뭘까?

범식   신의 일을 따르느라 자기는 가난뱅이가 되었고 가족도 돌보지 않았다고 앞에서 소크라테스가 말했잖아.

캐순   돈 한 푼 받지 않고 어떤 일에 미친 듯이 매달린다는 건, 그 일에 매혹되었거나 사명감을 강하게 느꼈기 때문이기는 하겠지. 하지만 그런 일을 하는 것이 꼭 '영적인 삶'을 뜻하는 건 아니잖아.

⬛   야옹샘! 소크라테스가 말한 영적인 것, 즉 다이모니온은 뭐죠?

야옹샘 그것이 무엇인가에 대해 학자들도 갈리지만 크게 세 가지로 말할 수 있어요. 양심, 내면, 그리고 귀신같은 것인데 이것들 모두 물질적인 것은 아니죠. 다이모니온이 육체의 현상인지 육체와는 별개, 가령 영적인 것의 현상이거나 영 그 자체인지에 대해선 딱 부러지게 말할 수 없네요. 하지만 소크라테스 이전, 그러니까 호메로스 시대에 그리스인들은 '내면의 소리'를 신의 목소리라고 여겼어요.

다이모니온과 소크라테스

내 안에서 나를 부르는 소리, 그런 소리를 들은 적이 있는가? '그렇게 살면 안 되지!' 하는 소리를 들은 적이 있는가? 소크라테스가 들었던 다이모니온의 소리이다. 그 소리를 듣고 그에 따라 살았기에, 소크라테스는 '소크라테스'가 되었다.

트로이 전쟁과 아킬레우스의 활약을 다룬《일리아스》의
첫 구절, "분노를 노래하소서! 여신이여! 펠레우스의 아들
아킬레우스의 분노를!"이라는 말이 그 증거예요.《일리아
스》는 우리 판소리처럼 노래(소리)로 불렸어요. 당연히 '사
람'이 그 노래를 불렀죠. 하지만 그리스인들은 뮤즈의 '여
신'이 사람을 통해 노래한다고 생각했어요. 그래서《일리
아스》의 맨 처음을 그렇게 시작한 거예요. 또한 자기 안에
서 강렬한 힘을 발휘하는 것을 다이모니온의 작용 때문이
라고 했어요.

캐순　　야옹샘, 예로 어떤 힘을 '다이모니온의 작용'이라고 했죠?

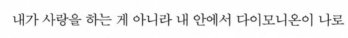

에로스, 즉 사랑의 힘도 다이모니온의 작용이라고 했어요.

범식　　내가 사랑을 하는 게 아니라 내 안에서 다이모니온이 나로
　　　　하여금 사랑하게 한다고요?

야옹샘　바로 그거에요. 그 부분을 한 번 읽어볼게요.

다이모니온들은 신과 인간들 사이를 오가며 인간들의 기도와 제물
을 신들에게 전하고, 신들의 명령에 따라 인간들이 바친 제물에 보
답하는 선물을 인간들에게 전하는 사자들이지요. 그들은 신과 인

---

*　눈 먼 호메로스가 썼다고 알려져 있는 서사시로, 세계에서 가장 오래되었으며 가장 빼어
　난 작품으로 평가받는다.

간들의 중간에 있기에 양자 사이의 간극을 메워 모두가 하나의 전체로 묶이게 하지요.

온갖 예언술은 물론이고 제사, 의식, 주술, 온갖 점, 마법에 관한 사제들의 기술도 다이모니온들이 있기에 가능해요. 신들은 인간들을 직접 만나지 않고, 인간들이 깨어있건 잠들었건 그들을 통해 인간들과 교류하고 대화하지요.

그리고 그런 일에 능한 자는 다이모니온적(영적)인 인간인데 반해, 다른 기술과 손재주에 능한 자는 한낱 기능공일 뿐이지요. 이런 다이모니온들은 수도 많고 종류도 다양한데, 에로스도 그중 한 명이라오."(《향연》, 202ⓔ~203ⓐ)

🧑 "눈에 콩깍지가 씌었다"는 게 다이모니온 때문이었군.

캐순 사랑하는 마음이 다이모니온 때문에 일어나는 일이라면, 다이모니온과 내가 분리될 수 있는 걸까?

범식 다이모니온을 내면의 소리라고 여기건 귀신이라고 여기건 간에 그 당시 사람들은 다이모니온의 목소리를 신적인 현상이라고 보았겠는데요?

야옹샘 맞는 말이지만 그렇게만 생각할 수 없는 문제가 있어요. 신

---

* 플라톤의 작품으로 에로스 찬가를 가장 빼어나게 노래한 저작 중 하나이다.

의 소리가 아무에게나 들어오느냐는 거예요. 신탁은 특정한 사람들만 할 수 있었거든요. 요즘으로 치면 성직자와 무당 같은 사람들만 가능했던 거죠. 그런데 소크라테스는 석수장이 아버지와 산파 어머니를 둔 평범한 사람이었어요.

소크라테스가 하고 다녔던 일, 즉 '캐물음'이 신의 일을 하는 것이냐에 대해 당시 사람들도 헷갈렸겠는데?

뭉술　신의 일이 아니라 하더라도, 최소한 신을 모독하는 것은 아니잖아.

범식　신을 모독한 것도 아니고, 젊은이를 타락시킨 것도 아니라면 무죄인데!

캐순　그래서 소크라테스도 이 정도 변론이면 충분하다고 한 거겠지?

하지만 저는 변론을 시작하면서 제가 많은 사람들에게 미운털이 깊이 박혔다고 했는데, 그 사실을 여러분이 기억하셨으면 합니다. 만약 제가 유죄 판결을 받게 된다면 그 때문일 겁니다. 그것은 멜레토스 때문도 아니고 아뉘토스 때문도 아니며, 오직 많은 사람들의 편견과 시샘 때문일 겁니다. 이것 때문에 이미 훌륭한 사람들이 유죄 판결을 받았고, 앞으로도 그럴 것입니다. 이것들이 소크라테스 때문에 없어지지 않을까 하고 염려할 필요는 없습니다.

🧑 변론은 충분했지만 유죄 판결을 받을 것이다, 소크라테스
　　　는 역시 쉽지 않아!
범식　맨 처음에 제기했던 오랜 시간 동안 쌓여온 편견과 시샘,
　　　비방과 미움은 논리적인 변론으론 없애지 못한다는 거지.
캐순　묵은 미움 앞에 서 있는 논리의 운명이라고 해야 하나?
뭉술　시간이 충분히 주어진다면 논리적으로 설득해 잘못된 감
　　　정을 없앨 수도 있지 않을까?
캐순　글쎄? 쉬운 일은 아니겠지.

어쩌면 다음과 같이 말하는 사람도 있을 것입니다. "오오,
소크라테스! 그대는 그대의 목숨을 위태롭게 하는 그런 일
에 종사한 것이 부끄럽지도 않소?"

뭉술　그런데 소크라테스는 왜 이런 가정을 해보는 걸까?
범식　어떤 사람의 말을 논리적으로 콕 집어 비판할 순 없지만,
　　　그럼에도 그 사람을 비판하고 싶을 때 사람들이 흔히 그런
　　　식으로 말하잖아? 아테네 사람들도 소크라테스 자신을 그
　　　렇게 비난할 거라는 걸 그는 알고 있었던 거지.

캐순   '뭐니 뭐니 해도 자기 목숨을 부지하는 게 최고 아닌가'라
       는 강력한 견해가 있잖아. 그것을 반박하고 싶었겠지.

뭉술   무죄 입증하고는 상관없는 거잖아.

🙂   뭉술이 말이 맞아. 하지만 올바름과 목숨 둘 다를 가질 수
       없을 때는 어느 쪽을 취하고 어느 쪽을 버려야 하는가는 소
       크라테스의 핵심적인 고민이 아니었을까? 그것을 이왕이
       면 대중들 앞에 선 김에 밝히고 싶었겠지.

뭉술   금쪽같은 시간을 무죄 입증과는 무관한 일에 쓰다니!

캐순   소크라테스가 사람들에게서 선입견과 시샘을 그 짧은 시
       간에는 지울 수 없다고 여기면서도, 이런 말을 하는 데 시
       간을 할애한 것을 보면 그만큼 중요하기 때문이겠지.

저는 그에게 다음과 같이 당당하게 대답할 겁니다. "이보시
오! 누구든 자신의 행동이 정의로운지 불의한지, 착한 행위
인지 나쁜 행위인지만 고려할 것이 아니라, 살게 될 것인지 죽
게 될 것인지를 먼저 따져야 한다는 것이 그대의 생각이라면,
그대는 틀렸소. 그대 말대로라면, 트로이에서 전사한 수많은
영웅들이야말로 보잘것없는 자들일 테니까요.

　테티스 여신(바다의 신)의 아들 아킬레우스*도 거기에서 벗어

* 　테티스 여신과 인간인 펠레우스 왕의 아들로, 트로이 전쟁에서 상대편 대장인 헥토르를
　물리쳐 그리스가 승리하는 데 결정적인 구실을 했다.

나지 않겠지요. 그는 치욕을 견디는 쪽이 아니라, 위험을 무릅쓰는 쪽에 섰으니 말이오. 그가 헥토르†를 죽이려고 했을 때, 여신인 그의 어머니가 이렇게 말했소. "아들아, 네가 너의 벗 파트로클로스†의 죽음을 갚기 위해 헥토르를 죽이면, 너도 곧 죽게 된단다."

아킬레우스는 이 말을 듣고도 죽음과 위험을 오히려 하찮게 여겼으며, 친구의 원수도 갚지 못하고 못난 겁쟁이로 살아가는 것을 훨씬 더 두려워했소. 그는 이렇게 말했소. "여기 이 함선들 옆에 살아남아 웃음거리가 되고 대지에 짐이 되느니, 그 못된 놈을 죽이고 당장이라도 죽고 싶습니다." 그대는 아킬레우스가 죽음과 위험에 마음을 썼다고 생각하시오?

캐순   사는 것이 제일 중요하다면 아킬레우스는 바보라는 거구만.

범식   최소한 아테네인들은 그걸 인정할 수 없지! 이순신 장군을 바보라고 하는 것과 똑같으니까.

(이미지)   감히 이순신 장군을 바보라고 하다니!

캐순   소크라테스가 자신의 삶을 슬쩍 아킬레우스에 빗대고 있

---

*   트로이의 마지막 왕의 큰아들로, 트로이 진영에서 가장 빼어난 영웅이다.

†   아킬레우스와 함께 자랐으며, 현자인 케이론에게 함께 교육을 받기도 한 죽마고우이자 트로이 전쟁에 함께 참여한 전우이다.

프리아모스 왕의 간청

《일리아스》에서 가장 멋있고 기품이 있는 인간은 헥토르이다. 아킬레우스는 오히려 충동적이다. 아킬레우스가 그리스를 대표하는 장수이듯, 헥토르는 트로이를 대표하는 장수이다. 헥토르와 아킬레우스, 두 사람 중 한 명은 쓰러질 수밖에 없다. 그게 전쟁의 얼굴이다. 전쟁의 신은, 반드시 기품 있는 사람을 살리는 것은 아니다. 물론 그 반대인 것도 아니다.

트로이 전쟁에선 기품이 충동에 무너졌다. 헥토르를 쓰러뜨린 뒤, 아킬레우스는 헥토르의 시신에 말로 할 수 없는 모욕을 가했다. 그것을 차마 볼 수가 없어, 트로이의 왕 프리아모스는 아킬레우스를 밤에 몰래 찾아가 아들 헥토르의 시신을 돌려달라고 간청했다. 프리아모스와 만나는 시간을 거치면서 아킬레우스도 인간적인 성숙에 이른다. 트로이 전쟁에서 가장 인간적인 장면이다.

다는 생각이 들지 않니?

뭉술 앞에선 헤라클레스의 12고역에도 빗댔잖아.

범식 그리스에서 야만스런 힘을 몰아냈던 헤라클레스와 트로이 문명으로부터 그리스 문명을 지켜낸 아킬레우스의 일만큼 이나, 소크라테스 자신이 했던 일이 가치가 있다는 확신이 있었나 보네.

 범식이 말도 맞지만, 아테네인이 아킬레우스를 영웅으로 받들고 있다면 아테네인 자신들이 아킬레우스가 살았던 삶의 원리에 따라 살아야 된다는 소리를 하고 싶어 아킬레 우스를 끌어들였겠죠.

나는 백번 죽는 한이 있어도 바뀌지 않을 것이다

소크라테스: 아테네인 여러분, 진리는 이렇습니다. 자기 자신이 최선의 장소라고 여겼기 때문이든 지휘관이 특정한 곳에 머물라고 해서든, 자리를 잡은 이상 위험을 무릅쓰고서라도 자리를 지켜야 합니다. 죽음이나 그 어떤 것보다 치욕을 가장 우려해야 하기 때문입니다.

따라서 아테네인 여러분, 여러분이 저를 지휘하도록 선출하신 지휘관들이 포테이다이아*와 암피폴리스†와 델리온‡에서 저에게 자리를 정해주었을 때 저는 다른 사람들처럼 죽음을 무릅쓰며 제 자리를 지켰습니다.

그랬던 제가, 전쟁 대신 철학하는 삶을 살고 제 자신과 남들을 탐구하며 살라고 신께서 자리를 정해주셨을 때는, 죽음이나 그 밖의 다른 것이 두려워 제 자리를 뜬다면, 이보다 무서운 짓은 없을 거라는 사실을 깨달았습니다. 그랬을 경우엔 누구든 저를 법정으로 끌고 와도 정당합니다. 제가 신탁에 따르지 않으며, 죽음을 두려워하고, 신들의 존재를 믿지 않고, 지혜롭지 않은데도 스스로 지혜롭다고 생각한다는 이유로 말입니다.

죽음을 두려워하는 모습은 지혜롭지 않은데도 스스로 지혜롭다고 생각하는 것을 보여줄 뿐입니다. 모르는 것을 안다고 생각하는 것과 마찬가지이기 때문이지요. 죽음에 대해

---

* 마케도니아에 인접해 있는 코린토스의 식민지로, 기원전 432년에 아테네에 반기를 들었다. 소크라테스는 37세에 이 전쟁에 참가했다.

† 기원전 424년과 422년에 암피폴리스와의 전쟁이 있었는데, 소크라테스가 어느 전투에 참가했는지는 불분명하다.

‡ 기원전 424년에 이곳에서 대규모 전쟁이 벌어졌는데, 아테네가 참패를 당했다. 소크라테스는 45세에 이 전쟁에 참가했는데, 아주 침착하게 후퇴했다고 알키비아테스가 《향연》에서 증언했다.

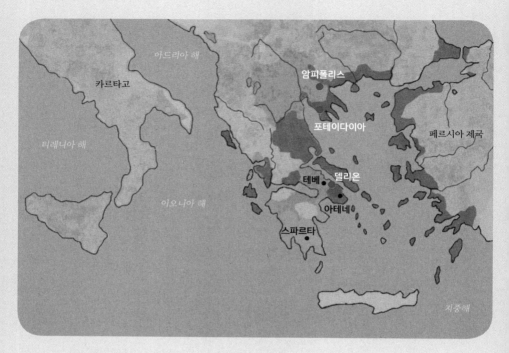

그리스의 암피폴리스

기원전 437년에 건설된 고대 그리스의 도시로, 주민 중 아테네인은 극소수였지만, 아테네의 트라키아 지방의 중요한 거점이 되었다. 이 때문에 펠레폰네소스 전쟁에서 아테네 편을 들었다.

아는 사람은 아무도 없습니다. 사실은 죽음이 인간에게 최대의 축복일 수도 있는데, 죽음이 인간에게 최대의 불행이라는 것을 마치 안다는 듯이 사람들은 죽음을 두려워합니다. 이것이야말로 모르는 것을 안다고 생각하는 무지이며, 어떤 무지보다도 비난받아 마땅한 무지가 아니겠습니까?

여러분, 저는 바로 이 점에서 대부분의 사람들과 다릅니다. 제가 다른 이들보다 더 지혜롭다고 한다면, 저는 저승에서의 삶에 관해 잘 알지 못하기에 '잘 모른다'고 생각하는 바로 그 점 때문일 겁니다.

제가 알고 있는 것은 신이든 인간이든 더 훌륭한 이를 따르지 않는 것과 불의를 저지르는 것은 나쁘고 수치스러운 짓이라는 점입니다. 따라서 저는 나쁘다는 것을 제가 확실히 알고 있는 것보다는 사실은 좋은 것일 수도 있는 것(죽음)을 더 두려워하거나 회피하는 일은 결코 없을 겁니다.

🧑 '죽음보다 치욕을 더 염려해야 한다.' 그러기 위해선 '죽음을 무릅쓰고 자기 자리를 지켜야 한다.' 정말 멋진 말이야!

범식 전투 중에 도망가는 것은 심각한 문제이긴 하지.

캐순 야옹샘! 소크라테스가 전투에서도 용감했나 보죠?

🧑 네, 그래요. 소크라테스가 37세 때 있었던 포테이다이아 전

"여러분, 진리는 이렇습니다.

자기 자신이 최선의 장소라고 여겼기 때문이든

지휘관이 특정한 곳에 머물라고 해서든,

자리를 잡은 이상 위험을 무릅쓰고서라도

그 자리를 지켜야 합니다."

투에서 그는 맨 나중까지 자기 자리를 지켰을 뿐만 아니라, 부상당한 알키비아데스 (기원전 450~404년경)를 죽음에서 건져냈다고 《향연》에서 알키비아데스 자신이 밝혔어요. 암피폴리스와의 전투는 소크라테스가 32세와 47세 때 있었는데, 둘 중 어떤 전투에 참가했는지는 알 수 없어요.

또한, 알키비아데스의 《향연》에는 그가 45세 때 델리온 전투가 있었는데, 후퇴 명령이 내려지자 라케스라는 동료를 데리고 고향의 거리를 걷듯 천천히 그리고 침착하게 적진을 살피며 후퇴했다고도 나와 있어요.

캐순 　전투 중에 자기 자리를 지키지 않고 도망가는 게 부끄러운 일이고 죄악이기까지 하다면, 자기가 살아야 할 삶을 팽개치는 것 역시 그런 거라고 봐야 하나?

　　자기가 살아야 할 삶이 정해진 걸까? 설사 그렇다 하더라도 어떻게 그것을 알 수 있지?

범식 　분명한 증거는 없지만, 위대한 사람들은 다 소명의식과 사명감을 느끼고 살았어.

　　하지만 악마 같은 인간들 중에도 '소명'을 말한 인간은 많아.

범식 　소명을 말한 사람들을 일반화해서 말하는 것은 문제가 있

---

* 고대 그리스 아테네의 정치가, 웅변가, 장군이다. 소크라테스의 제자이며, 펠레폰네소스 전쟁에서 아테네를 패배로 이끌었다.

고, 구체적인 한 사람을 들어서 얘기해야 한다고 생각해. 소크라테스의 '캐묻기'가 그렇게 잘못된 걸까?

뭉술   죽이고 싶을 정도는 아니라도, 성가시고 짜증나게 하는 사람이긴 했을 것 같아. 나도 가끔씩 캐순이의 질문들이 성가실 때가 있거든.

뭐? 내가 질문을 했으면 얼마나 했다고! 그리고 상대방을 성가시게 하는 건 '캐묻기'가 가진 속성이야. 다만 그것을 상대방이 '약'으로 여기는가 '독'으로 여기는가에 따라 다르겠지. 다시 말하면 그것을 받아들이는 쪽에 많은 책임이 생긴다는 거지.

범식   민주주의라는 게 '캐물어 오는 것'의 성가심과 짜증을 감수하겠다는 거잖아! 사상 · 출판 · 집회 · 결사의 자유는 그것을 제도화한 것이고!

와, 그 말 멋진데~!

범식   그런 것을 허용하지 않는 건 어떤 경우에도 독재지. 아주 예외적으로 제한이 필요할 때도 있겠지만 말이야.

뭉술   그런데 소크라테스는 민주파에 의해 고발되고 또 사형당했잖아?

캐순   그런 그들도 민주주의는 '캐묻는 것'을 원칙적으로 허용한다는 사실만은 부정할 수 없어서 말도 되지 않는 죄목, 즉

'신의 존재를 부정한다는 것'과 '젊은이를 타락시켰다는 것'을 걸었던 게 아닐까?

아테네인들은 왜 이렇게 야비해졌을까? 뭔가 원인이 있었을 것 아니야?

캐순 '아테네 제국'을 세우려다가 터진 스파르타와의 전쟁과 패배를 겪고 내전을 치르던 중에 인간성이 다 황폐화되어 그랬겠지.

뭉술 이 땅의 남과 북을 보면 알 수 있지.

캐순 앞에서 봤지만 《펠로폰네소스 전쟁사》에 드러난 아테네인의 행태 중엔 인간이기를 포기한 것도 많았어.

아뉘토스는 제가 아예 이 법정에 세워지는 일이 없었으면 몰라도, 법정에 세워진 이상 반드시 사형에 처해야 한다고 주장했습니다. 제가 무죄방면되거나 도망이라도 치는 날엔, 여러분의 아들들이 나의 교묘한 가르침을 받아 모두 타락하게 될 거라면서 말이죠.

   만약 여러분이 아뉘토스의 말을 맞받아서 "오오, 소크라테스! 우리는 아뉘토스의 말을 따르지 않고 그대를 무죄방면하겠소. 다만 조건이 있소. 그대는 그런 탐구와 철학을 하는 삶을 살지 마시오. 만약 그대가 계속 그렇게 살다가 붙잡히면, 그땐 사형을 당할 것이오"라고 하신다면, 저는 여러분께 이렇게 말씀드리리다.

아테네인 여러분! 저는 여러분을 좋아하고 사랑합니다. 하지만 여러분보다는 신에게 복종해야 합니다. 저에게 숨이 붙어 있는 한 저는 철학하며 사는 일도, 여러분에게 충고하는 일도, 만나는 사람이 누구건 간에 제가 늘 했던 대로 다음과 같이 그들을 일깨우는 일도 그만두지 않을 것입니다.

"이보시오! 당신은 가장 위대하며, 지혜롭고 강력한 아테네 시민이오. 그런데도 당신은 재물과 명예와 명성은 최대한 많이 얻으려고 안달하면서, 지혜와 진리, 그리고 당신 영혼이 최선의 상태에 이르게 하는 데에는 관심도 없고 생각조차 없소. 부끄럽지 않으시오?"

여러분 가운데 누가 제 말을 받아치며 자기는 그런 것에 관심이 많다고 주장하는 분도 있겠지요. 그러면 저는 그를 떠나보내지도, 그의 곁을 떠나지도 않은 채 그에게 꼬치꼬치 캐물으며 그를 시험해 볼 것입니다. 그가 말은 그렇게 하지만 실제로는 그런 미덕이 없다는 게 드러나면, 저는 그가 정말로 값진 것들은 하찮게 여기면서 하찮은 것들은 중시한다고 나무랄 것입니다.

저는 마주치는 사람이 젊은이건 노인이건, 외국인이건 우리

시민이건 가리지 않고 그렇게 할 겁니다. 특히 핏줄에서 더 가까운 우리 아테네 시민들에게는 더욱 그렇게 하겠지요.

그렇게 하는 게 신의 명령을 따르는 길이기 때문이란 걸 잘 알아두십시오. 그리고 신께 바치는 저의 이런 봉사보다 이 도시에 더 좋은 일이 있었던 적은 없습니다. 제가 돌아다니며 한 일은, 젊은이건 늙은이건 간에 자신의 육체와 재산이 아니라, 자신의 영혼이 최선에 이르는 것에 가장 큰 관심을 쏟아야 한다고 여러분을 설득한 게 전부니까요.

저는 또 말했습니다. "재산에서 사람의 훌륭함이 나오는 것이 아니라, 사람의 훌륭함으로 인해 재산과 그 밖의 모든 것이 좋은 것이 된다." 저의 이런 말이 젊은이들을 타락하게 했다면, 제가 해로운 말을 한 게 맞습니다.

하지만 제가 그와는 다른 말을 했다고 주장하는 사람이 있다면 그는 허튼소리를 한 것입니다. 아테네인 여러분, 이 점을 숙고한 뒤 아뉘토스의 말을 따르든 말든 하시고, 저를 무죄방면하든 말든 하십시오. 몇 번을 거듭해서 죽는다 하더라도 제 삶의 태도는 바뀌지 않을 것입니다."

캐순   소크라테스가 '악법'은 철저히 무시하겠다고 하네?
범식   그러게. 캐물음을 막는 것과 같은 악법은 백 번 죽었다 깨어나도 따를 수 없다고까지 하고 있어.

뭉술   악법은 법이 아니니까!

 그런데, 소크라테스가 '악법도 법이다', 또는 그런 취지로 말했다는 소문이 왜 퍼졌지?

범식   다른 곳, 즉 탈옥의 정당성 문제를 다룬 《크리톤》에선 그가 다르게 말한 게 아닐까?

캐순   《크리톤》을 읽어 보면 알 수 있겠지. 아무튼 《변론》에서 소크라테스의 악법에 대한 태도는 단호해.

뭉술   '악법은 결코 받아들일 수 없다', '목숨 걸고 무시하겠다', 정확히 이것이로군!

캐순   소크라테스는 왜 그렇게 '부와 명예와 명성'을 추구하는 삶에 딴지를 거는 걸까?

뭉술   도덕군자들이 늘 하는 소리잖아.

부와 명성 대신에 지혜와 진리를 추구하라는 말 비슷한 것을 소크라테스만큼이나 강력하게 주장했던 동양의 철인哲人이 있었죠.

　맹자*의 첫 포효가 "왕이란 사람이 어찌하여 자기 이익을 추구하신단 말씀입니까? 어짊[仁]과 올바름[義]이 있을 따

* 　중국 춘추전국시대인 기원전 372~289년경의 인물로, 플라톤과 거의 동시대를 살았다.

름입니다"인데, 왕이 자기 이익을 추구한다면 결국 "위·아래가 서로 자기 이익만 추구하여 나라가 위태롭게 된다"고 했죠. 재미있는 것은 소크라테스도 맹자도 전쟁 시대에 살았다는 거지요.

그리스 전쟁의 근본 원인을 투퀴디데스는 아테네가 제국주의 정책을 실시하자 거기에 스파르타가 위협을 느껴 터졌다고 했어요. 결국 아테네의 무분별한 이익 추구가 전쟁을 가져온 것이죠.

맹자가 살았던 중국의 전국시대 역시 마찬가지였어요. 둘다 결국은 내란이 일어나게 되고, 그에 따라 사람들의 삶이 파탄 난 지경에 이르렀죠. 소크라테스의 말은 이런 상황에서 나온 말이에요. 이 점을 무시하고 보니까, 소크라테스의 말이 그저 빤한 도덕군자의 말로 들리는 게 아닐까요?

 그런 깊은 뜻이 있었다니, 부끄럽네요.

* 《孟子》〈梁惠王 · 上〉, "王何必曰利? 亦有仁義而已矣."

04

나를 죽여도
내 영혼은 건드리지
못한다

나,
외사원
소크라테스

범식이와 뭉술이, 캐순이는 야옹샘을 따라 헌법재판소로 견학을 왔다. 야옹샘은 악법에 저항한 소크라테스가 유죄인지 무죄인지 세 친구에게 물으신다.

'신이 내린 선물'을 죽인 아테네인들

아테네인 여러분, 부탁한 대로 너무 떠들지 말아주시기 바랍니다. 조용히 제 말에 귀 기울여주십시오. 그것이 여러분에게도 이로울 겁니다.

 어쩌면 방청객과 재판관들 사이에서 야유가 터져나온 게 당연한 건지도 몰라.

캐순   캐묻고 다니는 것을 금지하는 '악법'은 절대적으로 무시하겠다는 건데, 캐물음을 금지하는 것을 악법이 아니라고 여기는 사람들 입장에선 열이 뻗쳤겠지.

이번에도 여러분이 고함을 지를 게 뻔히 예상되지만, 그래도 저는 여러분에게 또 다른 것을 말씀드리려 합니다. 제발 소리는 지르지 마십시오. 지금껏 말씀드린 그대로가 바로 저입니다. 그런 저를 여러분께서 죽이신다면, 그것은 저보다도 여러분 자신을 해치는 일이란 걸 알아두시기 바랍니다. 멜레토스도 아뉘토스도 저를 해칠 수 없습니다. 그건 가능한 일이 아닙니다. 한참 못 미치는 자가 그 자신보다 훨씬 훌륭한 사람에게 해를 입힌다는 것은 가당치 않기 때문입니다.

물론 죽이거나 추방하거나 시민권을 빼앗을 수 있습니다. 그를 포함해 몇몇 사람은 그렇게 되는 게 저에게 아주 나쁜 영향을 미치는 일이라고 생각하겠지요. 하지만 저는 그렇게 생각하지 않습니다. 멜레토스가 지금 하고 있는 짓, 사람을 부당하게 죽이려는 짓이 결국 그 자신에게 훨씬 더 큰 화를 가져오기 때문입니다.

아테네인 여러분, 저는 지금 제 자신을 위해 변론하는 것이 아닙니다. 여러분이 저에게 유죄 판결을 내려, 신께서 여러분에게 주신 선물에 죄를 짓지 않도록 하려는 마음에서 변론을 하고 있습니다.

범식   캐묻고 다니는 것을 금지하는 '악법'은 절대적으로 무시하겠다는 것에 한 술 더 뜨고 있어. 이번엔 아예 고함을 지를 일이란 걸 안다면서도 끝내 말하고 있네. 나 원 참!

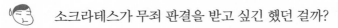 소크라테스가 무죄 판결을 받고 싶긴 했던 걸까?

캐순 그보다는, 아테네 시민들의 무지를 깨우치는 게 그의 관심
사였던 것 같아.

범식 사형 판결을 받을 수도 있는 재판정에서조차도?

삶의 뜻을 뚜렷이 깨달은 사람은 그럴 수 있지. 그런데 무
엇이 아테네인을 경악하게 했을까?

범식 "더 나은 사람이 더 못한 자에게 해를 입는 것은 가당치도
않다"는 소크라테스의 말은 그냥 해보는 소리가 아닌가?
그 정도는 일반 사람들도 넘어가 줄 수 있는 거잖아? '죽임
을 당한 사람보다 부당하게 죽인 사람에게 더 해롭다'는 말
도 그렇다고 할 수 있고……

캐순 사람들이 경악했던 말은, 소크라테스를 죽이는 것은 "신께
서 여러분(아테네인)에게 내려주신 선물에 죄를 짓는 일"이
라는 말이었을 것 같지 않니?

그러면서도 자기에게는 아무런 피해도 없다고 하고 있으
니, 아테네인들이 화날 만했겠다.

뭉술 일부러 화를 돋우기로 작정한 것 같아.

캐순 그건 아니겠지. 소크라테스의 사상과 일반 아테네인의 사
상이 다른 데서 생긴 문제라고 봐야 하지 않을까?

"더 나은 사람이 더 못한 자에게 해를 입는 것은 가당치도 않다"는 말 속에 소크라테스와 일반 사람의 차이가 나타나 있어요. 실질적인 의미에서 이 말을 따진다면, 보통 사람에겐 헛폼 잡는 것에 지나지 않게 들릴 거예요. 하지만 소크라테스는 사람의 고갱이(핵심)는 육체가 아니라 영혼이라고 여겼기에, 그냥 헛폼 잡느라 한 소리가 아니에요. 실제로 외적인 해코지는 육체에 가해질 뿐, 영혼은 건드리지 못하잖아요. 영혼이 불멸하는가는 영원히 논란거리겠지만 말이에요.

범식   옛날 지사志士들이 죽임을 당하면서 "나를 죽일 수는 있어도 내 뜻과 의義는 털끝만큼도 건드리지 못할 것이다"라고 했던 말과 같은 건가? 그들은 역사 속에 시퍼렇게 살아 있을 '뜻'을 믿었지!

저를 죽인 뒤엔 저와 같은 사람을 쉽게 찾을 수 없을 겁니다. 이 나라에 붙어있도록 신께서 배정한 사람 말입니다. 조금 우스운 비유를 들어보지요. 덩치가 크고 혈통이 좋지만, 그 큰 덩치 때문에 굼뜬 말[馬]과 영락없이 똑같은 이 나라를 따갑게 찔러줄 등에 말입니다. 그런 등에 구실을 하라고 신께서 저를 이 나라에 붙여놓았다고 저는 생각합니다. 여러분에게 온종일 달라붙어서, 한 명 한 명 깨우고 설득하고 꾸짖으라고 말입니다.

여러분, 그런 사람이 쉽게 생겨나지는 않을 겁니다. 그러니 제 말을 따르십시오. 저를 아껴야 할 존재로 여기고 남겨놓으십시오. 그러나 여러분은 선잠에서 깬 사람처럼 짜증이 나서, 생각 없이 저를 찰싹 쳐 죽이게 될 것입니다. 아뉘토스의 말에 따라서 저를 죽이는 것은 쉽겠지요. 신께서 여러분을 염려하여 또 다른 등에를 보내주시지 않는 한, 여러분은 자면서 남은 생을 보내게 될 것입니다.

제가 바로 신께서 이 나라에 내린 선물이라는 것을 여러분은 다음 사실로 미루어 알 수 있습니다. 저는 제 자신의 일은 조금도 돌보지 않고, 여러 해 동안 집안 일이 방치되는 것을 참으면서까지 여러분의 일을 돌보았습니다. 즉, 여러분을 일일이 찾아다니며 아버지나 형이 그렇듯 큰 덕에 마음을 쓰라고 조언했습니다.

이것이 보통 사람이 해낼 수 있는 일이라고 생각하나요? 그 일을 하면서 제가 이익을 보았거나 보수라도 받고 조언을 했다면, 그건 설명이 되겠지요. 하지만 저를 고소한 자들도 제가 보수를 받았다거나 요구했다는 것을 보여주지는 않았습니다. 저에게 온갖 죄를 다 덮어씌울 정도로 뻔뻔한 자들인데도 말입니다. 저는 제 말이 진실이라는 것을 내보일 수 있습니다. 바로, 제가 가난하다는 사실이 그것입니다.

그 유명한 '등에(쇠파리)'란 말이 여기 나오는구나!

캐순 당시 사람들에게 소크라테스는 '쇠파리' 같다는 느낌이 들긴 했을 거야.

뭉술 기꺼이 등에가 되어 '너 자신을 알라'를 실천한 거지.

범식 우리로 치면 '죽비竹篦'라고 할 수 있겠지?

캐순 죽비와 등에는 잠든 자를 화들짝 깨운다는 점에선 같지만, 그것을 받아들이는 입장에선 완전히 반대야. 죽비가 내려쳐지면 자기를 되돌아보지만, 등에가 물면 등에를 쳐 죽이지.

소크라테스가 뛰어난 비유를 구사했구나!

캐순 그의 예언은 또 어떻고! 예측이라고 해야 하나? "여러분은 자면서 여생을 보내게 될 것입니다."

범식 실제로 소크라테스를 죽인 뒤, '아테네 역사'는 깊이깊이 잠들어 2,000년도 더 지난 지금도 깨어나지 못하고 있긴 하지.

캐순 소크라테스는 사적인 것을 다 팽개치고 오직 공적이고 보편적인 것에 마음을 다 쏟았던 사람이야. 그런데 아테네인

---

* 소크라테스가 죽은 후, 잠든 이들의 삶에 찬물을 끼얹어 깨우는 행위를 뜻하는 표현으로 쓰였다.

등에

사자가 슬금슬금 육박해 오고 있는데, 덩치 큰 말은 실컷 먹고 곤히 잠을 자고 있다. 말을 깨우기 위해선 파리, 모기 정도론 어림없다. 그들이 제 아무리 발버둥쳐도 두꺼운 말의 거죽을 뚫지 못한다. 거죽 너머에 느낌이 전달되어야만 삶의 길이 열릴 수 있는데, 파리, 모기론 역부족이다. 두꺼운 거죽을 뚫고서 피를 빨아낼 수 있는 등에가 아니라면 말은 꿈쩍도 하지 않을 것이다. 피가 빨리는 아픔을 겪으면서, 그 아픔은 사자의 육박을 알리는 복된 몸앓이임을 알아채는 것은 순전히 말의 감각에 달려 있다. 당장의 아픔만을 느끼는 말은 긴 꼬리를 들어 등에를 후려칠 것이다. 그런 뒤 말은 귀찮고 성가신 게 사라졌다고 여기고 다시 잠들겠지만, 사자의 이빨이 말의 거죽을 뚫고 살에 박힐 순간은 곧 닥쳐온다.

들은 등에가 무는 정도의 따끔함도 참지 못해 그를 살해했지. 그런 사람들에게서 뭐 볼 만한 게 나올 수 있겠어!

범식   소크라테스는 시장통에서 사람들과 대화를 나눴지. 민회 같은 공적인 자리엔 거의 나가지 않았는데도 공적이라고 할 수 있을까?

캐순   그러네. 그렇다고 그가 공적인 삶을 살지 않았다고 할 수는 없지. 그리도 자기 나라 사람들을 위했으면서 왜 그랬지?

뭉술   공적인 삶은 너무 피곤해서 그런 거 아니야?

 에휴, 난 너만 보면 피곤하다.

'공인'이 아닌 '사인'으로서의 삶을 택한 소크라테스

소크라테스: 그런데 제가 돌아다니며 조언하고 간섭하면서도, 대중집회장 연단에 서서 공적으로 이 나라를 위해 조언하지 않는 게 여러분은 이상하다 싶을 겁니다. 제가 여러 곳에서 여러 차례 말했듯이, 신적이고 영적인 것이 제게 나타나 그것을 막았기 때문입니다. 멜레토스가 기소장에서 희화화한 바 있는 그 영적인 것의 나타남 말입니다. 이것은 제 소싯적부터 시작됐으며, 목소리로 제게 다가옵니다. 그 소리는 제가 하려던 일을 하지 말라고 할 때만 들려왔고, 해보라는 소리를 한 적은 없습니다.

제가 정치에 참여하는 것도 이 소리가 막았지요. 막기를 잘했다고 생각합니다. 아테네인 여러분, 만약 제가 한참 전에 정계에 뛰어들었다면 저는 이미 죽었을 것이며, 여러분에게도 제 자신에게도 아무 도움이 되지 못했을 거라는 사실을 여러분은 잘 아실 겁니다.

여러분에게 진실을 말한다고 화내지 마십시오. 나라 안에서 일어나는 수많은 부정과 불법을 막으려고 여러분이나 다른 군중에게 맞서는 사람은, 그가 누구든 살아남지 못했을 겁니다. 올바른 것을 위해 진정으로 싸우는 사람이 짧은 시간 동안만이라도 살아남기 위해선, 반드시 공인公人이 아니라 사사로운 개인, 즉 사인私人으로 살아가야 합니다.

캐순   우리도 가끔 내면으로부터 올라오는 소리를 듣잖아. 보통 그때는 잘 몰랐다가 나중에서야 그 소리가 왜 들려왔는지를 알게 되지.

캐순   《변론》에서 말하는 투로 봐서, 소크라테스가 공직에 나갔다면 그는 정말 일찍 죽었을 거야. 그러면 플라톤 같은 제자도 못 남겼을 테니, 공직에 안 나간 게 잘한 건가?

야옹샘   재미있게도, 플라톤은 젊었을 때 정치에 대한 열망이 아주 컸어요. 하지만 스승인 소크라테스가 독배를 마시고 죽은

뒤 정치에 대한 꿈을 접었다고 해요. 그러고는 '아카데미아'라는 학원을 차려 학생을 가르치고, 또 책을 썼죠. 거기서 큰 제자가 아리스토텔레스 (기원전 384~322년)이구요.

 조금 이상한 소리인 것 같지만, 소크라테스의 독배 사건이 없었다면 플라톤과 아리스토텔레스의 그 엄청난 책들이 태어나지도 못했을 거라는 생각이 드네요. 그러면 서양의 지성사知性史가 완전히 딴판이 되었겠죠?

* 근대 이전까지의 서양 학문에서 가장 중요한 사람이며, 중세의 최고 신학자인 토마스 아퀴나스가 영향을 받았다.

소크라테스, 플라톤, 아리스토텔레스가 없는 서양이라니!
좋든 나쁘든 그림이 그려지지 않는다.

위험을 무릅쓰더라도 법과 정의 편에 서야 한다

소크라테스: 제가 올바른 것을 위해 진정으로 싸웠다는 확실한 증거가 있습니다. 말이 아니라, 여러분이 존중하는 실행 사례를 들겠습니다. 저에게 실제로 일어났던 일을 말할 테니 들어보십시오. 저라는 사람은, 올바르지 않은데도 죽음이 두려워 굽히는 일은 결코 없으며, 설사 당장 죽임을 당하더라도 그러지 않을 거라는 점을 여러분이 알도록 말입니다. 제가 말하려는 일화는 법정에서 흔히 있는 일입니다만, 어쨌든 모두 사실입니다.

아테네인 여러분, 저는 이 나라의 공직을 맡은 적이 일절 없지만, 딱 한 번 협의회 의원이었던 적이 있습니다. 해전*을 치른 뒤, 물에서 허우적대는 살아있는 병사들을 구출하지 않은 채 철수한(폭풍 때문에 구조가 쉽지 않았다) 10명의 장군을 재판한 때의 일입니다. 여러분은 장군 10명을 집단으로 재판에 회부하기로 결의했습니다. 그때 마침 제가 속한 안티오키스

---

* 기원전 406년에 아르기누사이 섬 근해에서 스파르타와 벌인 전투로, 아테네가 승리했다.

부족[*]이 회의를 주재하게 되었습니다.

하지만 집단 재판은 나중에 여러분 모두 인정했듯이 불법이었습니다. 집행위원 중 유일하게 저만 여러분의 불법에 반대표를 던졌지요. 그러자 대중 연설가(정치가)들은 저를 고발하고 체포하고자 했고, 여러분도 그렇게 하라고 고함을 질러댔습니다. 하지만 저는 구금이나 죽음이 두려워 여러분의 불법적인 결정에 표를 던지느니, 어떤 위험이라도 감수하며 법과 정의의 편에 서야 한다고 생각했습니다. 이것은 우리나라가 민주정치 체제였던 때의 일입니다.

악법에 목숨 걸고 저항한 사례를 소크라테스 자신이 이렇게 버젓이 밝혔는데도 소크라테스가 '악법도 법이다'라고 했다는 소리가 어떻게 퍼질 수 있었지? 놀라울 따름이다.

범식   이 장면은 위법에 저항한 거지, 악법에 저항한 거라곤 할 수 없어.

캐순   결의안을 지지하지 않는다고 회의 주제자를 체포하려 드는 게 악법이 아니면 뭐가 악법인데?

악법에 대해선 앞에서 얘기한 대로 탈옥 문제를 다룬《크

---

*   클레이스테네스가 민주화 개혁을 위해 원래의 아테네 부족을 해체하고, 인위적으로 새롭게 구획한 10부족 중 하나이다.

리톤》을 읽은 뒤 말을 나누는 게 좋겠어.

뭉술   그게 좋겠다. 하지만 내가 생각하기에도 소크라테스의 저
항이 너무 뚜렷하네.

범식   야옹샘! 소크라테스가 얘기하고 있는 10명의 장군에 대한
재판 이야기를 좀 더 해 주세요.

기원전 406년 아테네와 스파르타의 해전이 있었는데, 아
테네도 상당히 피해를 입긴 했지만 스파르타의 함선 70척
을 포획하거나 파괴해 아테네가 승리했어요. 그런데 전투
가 끝난 뒤 물에 빠진 선원들을 구조하고 전사한 시체를 거
두어들여야 했는데, 거센 폭풍 때문에 그 일을 하지 못했어
요. 이것을 문제삼아 아테네인은 이 전투에 참가했던 장군
들을 모두 사형에 처했죠.

    그 사건을 재판에 넘길 때 소크라테스는 법에 따라 집단
재판이 아니라 개별 재판을 해야 한다고 주장한 듯해요. 그
러면 어떤 사람에겐 정상 참작의 여지도 있었겠죠. 하지만
흥분한 아테네 시민과 집행부 의원들은 장군들을 한 묶음
으로 몰아서 죽이고 싶어 집단 재판을 선택한 것 같아요.

캐순   소수 의견을 냈다가 체포될 뻔 했다고 하니, 그때의 아테네
민주주의가 얼마나 편협했는지 알겠다. 법률을 멋대로 바꾸
어 집단 재판을 한 다수가 악법을 만든 거잖아. 소크라테스

는 불법, 즉 멋대로 새로 만든 악법을 용인하지 않은 거고.

범식 글쎄, 이게 악법에 저항한 건지 단순히 불법에 저항한 건지
는 면밀히 따져볼 문제라는 생각이 든다.

 에휴, 난 악법과 불법의 차이를 잘 모르겠다.

이제 과두 정체* 시기에 있었던 일을 말씀드리겠습니다. 30인
참주가 저를 포함한 다섯 사람†을 그들의 업무실로 출두케
했습니다. 그곳에 갔더니, 살라미스 사람인 레온‡을 처형하기
위해 살라미스에서 그를 연행해 오라고 했습니다. 그들은 다
른 사람들에게도 그런 명령을 자주 내렸지요. 그들의 범죄에
최대한 많은 사람들이 얽히게 하기 위해서였죠.

그때도 저는 말과 행동으로 보여주었습니다. 제 관심사는
죽음 따위가 아니라, '옳지 않은 일이나 불경한 짓을 하지 않
는 것'이라는 점 말입니다. 그 정권은 강력하긴 했지만, 옳지
않은 짓을 하도록 저를 겁주는 데는 실패했습니다. 그 건물
에서 나온 뒤 다른 네 사람은 살라미스로 가서 레온을 연행

---

* 30인 참주정치처럼 소수에게 권력이 집중되어 있는 체제이다.

† 이 중에 멜레토스도 있었다.

‡ 소크라테스의 제자인 크세노폰은 레온이 유능하고 불법을 저지르지 않은 사람이라고 말
   했다.

해 왔지만, 저는 곧장 집으로 와버렸지요. 그 정권이 금새 무너지지 않았다면, 저는 그 일 때문에 죽임을 당했을 겁니다. 이 사건에 관해 증인으로 세울 사람은 많습니다.

이번엔 과두정 때 소크라테스가 악법에 저항한 것이 나왔어.

범식 그래, 이건 확실히 악법에 저항한 게 맞네.

뭉술 야옹샘! 이 일은 언제 있었죠?

야옹샘 기원전 404년에 아테네가 스파르타에 패한 뒤, 아테네에 30인 과두정이 섰을 때의 일이에요. 이들은 반대파를 150 명이나 죽이고 또 숱한 사람을 추방했는데, 그때 소크라테 스를 그들 편으로 끌어들이려고 했던 것 같아요.

150명이나 죽이다니! 잔인한 놈들이군…….

캐순 민주정이 되었건 과두정이 되었건, 소크라테스는 악법을 저지르는 것엔 단호히 맞선 거야. 공직에 있었던 때에 한해 서이기는 하지만.

뭉술 이렇게 악법과 불법을 용인하지 않는 사람이 공직에 남아날 수는 없지.

소크라테스는 정말 젊은이들을 망쳤을까?

국립중앙도서관을 방문한 야옹샘은《맹자》를 유심히 살펴보신다. 야옹 샘은 세 친구에게 어짊[仁]과 올바름[義]을 강조한 맹자 이야기를 해주 신다.

선생이 되어본 적 없는 소크라테스

소크라테스: 제가 만약 공적인 일을 하며 살면서도, 선한 사람답게 정의 편에 서는 것을 가장 중시했다면, 제가 과연 지금까지 살아남을 수 있었을까요? 어림없는 일이지요. 어느 누구도 살아남지 못했을 겁니다.

저는 공적인 일에서건 사적인 일에서건 늘 한결같은 사람이었습니다. 지금껏 저는 어느 누구에게도 정의에 반하는 행위를 인정해 준 적이 없습니다. 저의 제자라고 일컫는, 저를 모함하는 사람들*을 포함해서 말입니다.

사실 저는 누구의 선생이었던 적이 없습니다. 물론 저는 사

---

* 30인 참주 중 한 명인 크리티아스와 알키비아데스를 가리킨다.

명을 수행하느라, 제가 사람들과 묻고 대답하는 것을 듣고 싶어 하는 사람이 있으면 젊은이든 늙은이든 물리치지 않았습니다. 하지만 보수를 주면 대화를 해주고, 보수를 주지 않으면 입을 닫는 짓은 하지 않았습니다. 부자건 가난뱅이건 저에게 질문하면 똑같이 응했고, 제 말을 듣고 싶어 하는 사람 누구에게나 기꺼이 이야기를 들려주었을 따름입니다. 그렇기 때문에, 이들 가운데 누가 선량한 사람이 되건 말건 그것을 제 책임으로 돌리는 것은 옳지 않습니다. 그것이 무엇이건 저는 누구에게도 가르쳐주겠다고 약속한 적이 없고, 가르친 적도 없기 때문입니다.

만약 누가 아무도 배우거나 들은 적이 없는 것을 저에게서 개인적으로 배우거나 들었다고 주장한다면, 그의 말은 진실이 아닙니다. 이 점을 분명히 알아주시기 바랍니다.

 왜 소크라테스는 자신이 제자를 두지 않았다고 극구 주장하지?

캐순   그 자신의 말 "저는 지금껏 저의 제자라고 말하는 사람들을 포함해 저를 모함하는 사람들 어느 누구에게도 정의에 반하는 행위를 인정해 준 적이 없습니다"에 뭔가 있는 것 같은데?

캐순이가 잘 봤어요. 소크라테스는 부인하고 있지만, 소크라테스의 제자라고 알려져 있는 사람 중에 아테네인이 싫어하는 사람이 있거든요. 앞에서 말한 30인 과두정(참주) 때 가장 극렬했던 자가 크리티아스인데, 그가 소크라테스를 오랫동안 따랐던 것 같아요. 특별히 다룰 것은 그가 플라톤의 외당숙이라는 점이에요. 어쩌면 플라톤이 소크라테스를 어려서부터 따르게 된 건 순전히 크리티아스 때문일지도 몰라요. 하지만 플라톤은 30인 참주로서의 크리티아스를 받아들이진 않았어요. 플라톤이 정치에 환멸을 느끼게 된 계기가 30인 참주에 의한 악랄함 때문이었다고 하니까요. 이런 점으로 보더라도, 소크라테스가 크리티아스의 행위를 옹호하진 않았을 거라는 생각이 드네요.

또 한 명이 문제가 되는데, 민주주의파이지만 귀족적인 것을 좋아했던 알키비아데스라는 장군이에요. 그는 아테네인에게 아주 특별한 사람인데, 외적인 것, 즉 얼굴·재능·신분·무술 등을 비롯해 모든 면에서 완벽했죠. 올림픽 우승에, 귀족 집안에, 듣는 사람의 넋을 빼놓을 정도로 말도 잘하는 젊은이인데, 게다가 꽃미남인 사람이 있다고 상상해 보세요. 그가 바로 알키비아데스예요. 당연히 아테네인의 찬탄을 한 몸에 받았죠. 그런데 그의 삶이 너무도 극적

알키비아데스와 소크라테스

소크라테스가 무척 아꼈던, 조건과 재능이 완벽했던 알키비아데스. 둘은 긴 문답을 이어갔다. 소크라테스는 그를 모질게 몰아붙였다. 둘만의 문답이 막바지에 이르렀을 때 소크라테스는 알키비아데스에게 못 박듯 물었다.

"이제 그대가 어떤 상태에 있는지 깨닫겠는가? 그대는 진정 자유인에 적합한 상태인가?"
"자유인에 적합한 상태가 아니란 걸 절실하게 깨달은 것 같습니다."
"자네가 처한 현재의 이 상태를 어떻게 벗어날 수 있는지 알겠는가?"
"알겠습니다. 이제부터 저는 정의를 배우고 깨닫기 시작할 것입니다."

그러나 말뿐이었다. 알키비아데스는 자유인의 성품을 갖추기 위해 필요한 '올바름'이 무엇인지 알지도 못한 채 광장에 나가 열변을 토했다. 대중이 그의 말과 손가락을 따라 움직였다. 아테네와 시민들이 구렁텅이로 떨어졌다. 삶을, 그리고 삶들이 모여 이루어내는 나라의 꼴을 알지도 못하면서 잘 안다고 믿었던 결과였다. 그는 결국 그의 여인과 함께 암살당했다. 알키비아데스는 소크라테스도 어쩌지 못했던 가슴 아픈 제자다.

이고 파란만장해요.

그는 펠로폰네소스 전쟁의 막판을 좌지우지했는데, 신모독죄로 아테네에서 사형당할 위험에 처했어요. 그러자 스파르타로 도망갔는데 거기서 워낙 잘난 그 얼굴로 스파르타 왕비를 임신시켰어요. 결국 그것이 들통나 페르시아로 갔죠. 거기에서 그의 조국 아테네에 도움이 될 법한 계략을 꾸미며 다시 아테네 시민들의 환호 속에 아테네 장군으로 복직이 되었어요. 하지만 얼마 안 있다가 다시 쫓겨나 끝내 암살당하는 파란만장한 삶을 살았죠. 한마디로 아테네인 한 명 한 명에게 애증이 극단적으로 섞여있는 인물인데, 그가 소크라테스를 엄청 따랐고, 소크라테스도 그를 무척 아꼈다고 해요.

야옹샘 그리스에서 가장 잘생긴 알키비아데스와 그리스에서 가장 못생긴 소크라테스가 함께 어울린 거죠. 상상이 되나요? 하지만 두 사람 사이가 아주 좋았다고 하니, 세상에는 재밌는 일이 참 많죠? 아무튼 크리티아스와 알키비아데스 때문에 소크라테스가 나쁜 소문에 더 쉽게 노출되었을 거예요.

제자가 잘못한 것을 스승이 책임지는 게 맞나?

범식 법적으로는 책임이 없지. 고발자들도 그것을 알기에 소크라테스에게 그 죄목을 걸어 고발하지 못한 거고.

묭술 그렇다 하더라도, 어쨌든 소크라테스는 죽여야 한다는 거
      네. 무서운 증오다.

      캐묻는 게 그렇게 무서운 건가? 나도 옛날 아테네에서 태
      어났으면 무사하지 못했겠어.

      뼈도 못 추렸겠지~ 크크. 자기도 부족한 점이 있다는 것을
      인정할 수 없는 자에겐 캐묻는 것만큼 무서운 게 없겠지.

야옹샘 그런 걸 오만이라고 하죠. 아테네(그리스) 비극에서 시인들
      이 아테네인에게 가장 경계한 것이 '휘브리스', 즉 '오만'이
      었는데, 오만한 아테네인에 의해 4대 성인 중 한 명이 독살
      되었다는 게 아이러니네요.

소크라테스를 도우러 온 젊은이들

그런데 사람들은 저와 시간을 보내는 것을 왜 즐거워할까
요? 아테네인 여러분! 여러분은 이미 그 까닭을 들었습니다.
저는 여러분께 모든 진실을 말했으니까요. 사람들은, 지혜롭
다고 여겨지지만 사실은 그렇지 않은 자들이 캐물음당하는
것을 재밌어했습니다. 이는 유쾌해 할 만하지요. 하지만 제가
그런 행동을 한 이유는, 이미 말했듯 신의 사명을 수행한 것
이었습니다. 신탁이나 꿈 등 신의 섭리가 인간에게 내려지는
모든 방식을 통해 받은 사명 말입니다.

아테네인 여러분! 이는 진실이며, 쉽게 규명할 수 있습니다. 제가 젊은이들을 타락시켰고 지금도 여전히 그러고 있다면, 그들 중엔 이제 나이가 들어서 제가 그들에게 해를 가했음을 깨달아 저를 고발하고 복수하려는 마음이 생겨난 자도 있을 겁니다. 그들 스스로가 원하지 않으면 그들의 아버지, 형제 혹은 친척들이 그들의 가족이 당한 일을 기억하고 복수하겠지요.

그들 중 많은 이가 여기 와 있는 게 보입니다. 먼저 크리톤*은 저와 동갑이며 같은 지역 출신이고, 저기 있는 크리토불로스의 아버지입니다. 뤼사니아스는 스페토스 출신이고 아이스키네스(소크라테스의 임종을 지켜본 사람)의 아버지입니다. 안티폰은 케피시아 출신으로 에피게네스의 아버지입니다. 저와 친밀한 이들의 형제들도 와 있습니다. 테오조티데스의 아들이자 테오도토스의 형인 니코스트라토스가 와 있군요. 테오도토스는 죽었으므로 형에게 간청할 수도 없었을 겁니다. 또 데모도코스의 아들이며 테아게스와 형제인 파랄리오스도 보이고, 저기 있는 플라톤†의 형이자 아리스톤의 아들인 아데이만토스, 아폴로도로스와 형제간인 아이안토도로스도 와 있

---

* 소크라테스의 부유한 친구로, 소크라테스에게 감옥 탈출을 강력하게 권유했다.

† 이 책의 원저인 《변론》의 저자로, 방대한 플라톤 저작 전체에 그 자신의 이름은 딱 세 번 －《변론》에 두 번, 《파이돈》에 한 번 나온다.

군요. 이 밖에도 많은 이름을 댈 수 있습니다.

멜레토스는 이들 중에서 누구라도 증인으로 세웠어야 합니다. 그가 깜빡했다면 지금이라도 세우게 하십시오. 그가 이들 중에서 증인을 새로 세울 수 있다면 부르게 하십시오. 제가 변론하는 시간이지만 양보하겠습니다.

하지만 여러분! 여러분은 이들 모두가 저를 도우려고 하는 것을 목격할 겁니다. 멜레토스와 아니토스의 주장에 따르면, 이들의 가족을 제가 타락시켰고 해롭게 했다고 여겨지는 사람들이 말입니다. 타락한 당사자들이야 그럴 수 있지만, 이미 나이가 들고 타락하지도 않은 친척들까지 저를 도우려는 것은 어째서일까요? 올바르고 정당한 이유 때문이겠지요. 멜레토스가 거짓말을 하고 있고, 제가 진실을 말하고 있다는 것을 알고 있기 때문이 아니면 무엇 때문이겠습니까?

 소크라테스 때문에 인생을 망쳤다는 사람이 없는데, 소크라테스가 젊은이를 망쳤다고 말하는 건 이상하긴 이상하다.

뭉술   범식이도 드디어 소크라테스 말에 홀렸군.

캐순   그때 법정에 있는 사람 중에서 한 명이라도 소크라테스의 말에 반박하고 나오면 쉬운 문제가 아닌데, 그는 어쩌자고 이렇게 자신만만하지?

범식 그것도 그렇지만, 그 많은 사람 중에 소크라테스 때문에 내
      인생이 잘못되었다는 사람이 한 명도 안 나온다는 게 나는
      더 이상해.

  그랬는데도, 소크라테스는 범법자로 처형되었지.

뭉술 재판관들이 변론을 듣기는 들은 거야?

캐순 논리는 밖에 있지만, 증오와 선입견은 가슴 속에 꽉꽉 쟁여
      져 있잖아!

죽음 앞에서도 의연했던 소크라테스

소크라테스: 자, 여러분! 저의 변론은 이와 같습니다. 여러분 중 누군가는 자신이 전에 했던 변론 방식을 떠올리며 저의 변론 방식을 못마땅해할 수도 있을 겁니다. 그 자신은 이보다 가벼운 재판이었는데도 동정심을 얻기 위해 자식들과 친척, 친구들을 재판정에 데리고 와 눈물을 쏟으며 사정했는데, 저는 이처럼 위급한 상황에서도 그런 식으로 하지 않는다는 생각에 말입니다. 그래서 화가 난 나머지 제게 더 가혹하고 불리한 투표를 할 수도 있을 겁니다.

그런 분이 여러분 중엔 없으리라 생각하지만 그런 심정인 분이 있다면, 그 분께는 이렇게 말씀드리는 것이 적절할 듯합니다. 보십시오! 호메로스*의 시구처럼 저도 '참나무나 바위'가 아닌 인간들 사이에서 태어났기 때문에, 제게도 친척이 있고 아들도 셋이나 있습니다. 한 명은 청년이고 둘은 어린아이입니다. 그러나 아테네인 여러분! 이들 중 누구도 여기로 데려와 저를 무죄방면하도록 투표해 달라고 애원하게 하진 않을 겁니다.

제가 이렇게 하는 까닭은 뭘까요? 아테네인 여러분! 그것

---

* 고대 그리스의 유랑시인으로, 현존하는 고대 그리스어로 쓰인 가장 오래된 서사시 《일리아스》와 《오디세이아》의 작가이다.

은 제 고집 때문도, 여러분을 무시해서도 아닙니다. 제가 죽음을 두려워하는지 아닌지도 이와는 관계가 없습니다.

캐순   제발 '괘씸죄'로 자기를 잡아넣지 말라는 건데!

범식   재판관들의 동정심에 호소하는 게 그렇게 못된 일인가?

뭉술   소크라테스의 자존심은 목숨보다 중요하니까!

🗨️   멀쩡하다가도 재판만 받게 되면 침대와 휠체어를 끌고 나오는 대기업 회장들보단 낫잖아?

범식   가짜 환자가 되는 건 꼴불견이지만, 사정을 호소하는 건 인간적이잖아.

뭉술   법이 인간적이어도 되는 것일까?

캐순   소크라테스가 아이들을 데려와 애걸복걸하지 않은 게, 그의 자존심 때문이라고만 할 수 있을까?

그것은 저와 여러분, 그리고 이 나라의 명예를 무너뜨리지 않기 위해서입니다. 나잇살이나 먹었으며, 참이든 아니든 남과는 다르다는 명성을 얻고 있는 제가, 자식들을 데려와 울며불며 호소하는 것은 아름답지 않다고 생각하기 때문입니다. 여러분 중 지혜나 용기, 혹은 그 외의 덕에서 남다르다고 여겨지는 사람들이 그런 짓을 한다면 그것은 부끄러운 일입니다.

"재판관은 정의를 판결하는 사람이지
선심을 쓰는 사람이 아닙니다.
그는 마음에 드는 자라고 해서 호의를 베풀지 않으며,
오직 법에 따라 재판할 것을 서약했습니다."

그런데 평소에 남다르다고 여겨지던 사람들이 재판을 받을 때는 몹시 수치스러운 짓을 태연히 하는 모습을 저는 자주 보았습니다. 사형에 처해지면 끔찍한 일이 일어나지만, 그렇지 않으면 영원히라도 살 것처럼 말입니다. 그들은 이 나라에 불명예를 안겨줄 겁니다. 외국인들은 아테네인 가운데 덕이 남달라 관직과 명예를 획득한 자들도 여인네들과 다를 바 없다고 여길 겁니다.

아테네인 여러분! 여러분 가운데 명성을 얻은 사람이 그런 짓을 해서도 안 되겠지만, 우리 역시 그런 짓을 용납해서도 안 됩니다. 여러분은 동정을 사기 위해 연극하며 나라를 웃음거리로 만드는 자에게 유죄 판결을 내리겠다는 태도를 분명히 해야 합니다.

재판관은 어느 것이 옳은지 재판하는 자
소크라테스: 그러나 여러분! 명성의 문제는 제쳐놓더라도, 재판관에게 빈다는 것도, 또 그렇게 함으로써 무죄방면되는 것도 옳지 않습니다. 오히려 재판관을 설득하거나 가르치는 게 옳은 방식이지요. 재판관은 정의를 판결하는 사람이지 선심을 쓰는 사람이 아닙니다. 그는 마음에 드는 자라고 해서 호의를 베풀지 않으며, 오직 법에 따라 재판할 것을 서약했

습니다. 따라서 소송 당사자는 재판관이 거짓으로 서약하는 버릇을 들이게 해서도 안 되지만, 재판관 여러분 자신도 그런 버릇을 들여서는 안 됩니다. 둘 다 신께는 불경이니까요.

그러니 아테네인 여러분! 저에게 아름답지도, 옳지도, 경건하지도 않은 방법으로 여러분을 대하라고 요구하지 마십시오. 특히 멜레토스가 저를 불경죄로 기소한 이 재판에서는 더욱 안 되는 일이지요. 만약 제가 설득만이 아니라, 애원을 함으로써 여러분에게 재판관으로서의 서약을 어기도록 강요한다면, 제 변론은 제가 여러분에게 신의 존재를 믿지 말라고 가르치는 것이 되고, 또 제 스스로는 신을 믿지 않는 것이 되기 때문이지요. 이는 제 스스로 저 자신을 고발하는 꼴이 되는 겁니다.

하지만 이는 사실이 아닙니다. 아테네인 여러분! 저는 저를 고발한 사람 중 그 누구보다도 더 신을 믿습니다. 그러므로 저와 여러분에게 최선의 결과가 나오도록 여러분과 신께 이 판결을 맡깁니다.

범식　자기 목숨이 걸린 문제인데도, 그에게서는 의연한 사람에게서 풍기는 아름다움이 느껴지고, 자기가 사는 사회의 정의로운 재판 문화를 위해 쿨하게 피의자 변론을 하고 있어.

천생 스승이야, 소크라테스는!

캐순   그래도 우리 야~~옹샘만 못하지!

야옹샘   허허, 거참!

그아옹

오랜만에 겁에 가신 야옹샘

06

캐묻지 않는 삶은
살 가치가 없다

야옹샘의 고향인 나주를 방문한 세 친구는 '정도전 유배지' 마루에 둘러
앉아 이야기를 나누고 있다. 야옹샘은 조선 문명의 씨앗을 마련한 정도
전 이야기를 들려주신다.

소유물보다는 훌륭한 사람이 되는 데 관심을 두어야 한다

소크라테스: 아테네인 여러분, 여러분이 제게 유죄를 선언한 이번 판결에 저는 그다지 마음이 상하지 않았습니다. 유죄 판결을 예상했기 때문이지요. 오히려 저는 유죄와 무죄—각각의 득표수에 놀랐습니다. 저는 이렇게 표차가 적으리라곤 전혀 예상치 못했으니까요. 차이가 훨씬 많이 나리라고 생각했거든요. 서른 표만 반대쪽으로 옮겨갔다면 저는 무죄방면되었겠지요. 아니, 지금도 저는 멜레토스에게서 만큼은 무죄방면되었다고 생각합니다.

만약 아뉘토스와 뤼콘이 그와 함께 저를 기소하지 않았다면, 멜레토스는 투표수의 5분의 1을 획득하지 못해 저를 무죄방면하는 데 그치지 않고, 1천 드라크메의 벌금*까지 물어야 했을 겁니다. 누가 보더라도 이 점은 명백합니다.

어쨌든, 저 사람은 저의 범죄 형량으로 사형을 제안했습니다. 좋습니다. 아테네인 여러분, 저는 그러면 어떤 형벌을 제안해야 할까요? 제가 받아 마땅한 것이어야겠지요? 그게 뭘까요? 사형이나 추방 중 어떤 형벌을 받아야 하나요? 아니면 얼마의 벌금을 내야 할까요?

야옹샘! 재판관이 도대체 몇 명이기에 그가 30표만 더 받았으면 무죄가 되었을 거라고 하는 거죠?

야옹샘 500명으로 추정하고 있어요. 재판관이 엄청 많지요? 가부동수(찬성표와 반대표가 같음)이면 무죄이니까 280대 220이지 않았을까 싶네요. 또 하나 아테네 법정의 특이한 점은, 유죄 판결이 나면 고소자와 피고소자가 각각 그 죄에 대한 형량을 제안하고, 재판관들은 두 형량 중에서 하나를 고른다는 거예요. 그래서 지금 소크라테스가 자신이 받을 형벌을 제안하고 있는 거예요

뭉술 고발자는 당연하게도(?) 사형을 이미 제안했고!

---

* 함부로 기소하는 것을 막기 위해 원고가 5분의 1을 얻지 못하면 1천 드라크메의 벌금을 물게 한 법이 있었다.

저는 결코 게을리 살지 않았습니다. 그렇다고 사람들 대부분이 관심을 갖는 돈벌이나 가정 꾸리기에도, 군인이나 민중 연설가 또는 그 밖의 다른 공직자로 출세하는 일에도, 그리고 정치적 결사結社나 이 나라에서 벌어지는 당파싸움에도 저는 관심을 두지 않았습니다. 이런 일에 끼어들고서도 살아남기에는 제 자신이 너무 올곧다고 생각했습니다. 제가 그런 일에 기웃대봤자, 여러분에게도 제 자신에게도 도움이 되지 못할 거라고 생각했습니다.

그래서 저는 최대의 봉사라고 여기는 것, 즉 여러분 각자를 가장 잘 되게 하는 일에 뛰어들어야겠다고 마음먹었습니다. 저는 여러분을 찾아가, 훌륭하고 지혜로워지도록 하는 일에 마음을 쓰기 전에는 자신의 소유물에 마음을 두지 말아야 한다고 일일이 설득했습니다. 또한 나라 자체에 대해 충분히 관심을 가진 뒤, 나랏일을 맡으라고 설득했습니다. 이런 일을 한 제가 대체 어떤 형벌을 받아야 마땅할까요?

아테네인 여러분, 제가 참으로 받아 마땅한 것을 제안해야 한다면, 그것은 좋은 것이어야 합니다. 그것도 제 행동에 합당한 것이어야 합니다. 여러분께 충고할 수 있도록 여가가 필요한 가난한 은인에게는 무엇이 합당할까요? 아테네인 여러분! 영빈관에서 식사를 대접하는 것만큼 그에게 합당한 것은 없습니다. 말 두 마리, 또는 말 네 마리가 마차를 끄는 올림피아 경주에서 우승한 자에게 제공하는 것보다 저에게 그렇게 하는 것이 훨씬 더 적절합니다. 그는 여러분이 행복해 보이게 하지만 저는 여러분을 실제로 행복하게 만들어주기 때문이고, 또 그는 먹을 게 넉넉하지만 저는 가난하기 때문입니다. 따라서 제가 저에게 맞는 형량을 제안한다면, 영빈관에서의 식사를 제안합니다.

 괘씸죄에 안 걸릴래야 안 걸릴 수가 없겠다. 유죄 판결을 받아놓고서도 자신의 행위는 국가로부터 훈장 받을 일이라고 극구 주장하고 있으니, 나 원 참!

캐순   소크라테스의 말이 틀렸다고도 할 수 없잖아?

범식   그렇긴 하지. 올림픽 우승자와 노벨상 수상자 중에 누가 더 국가로부터 대접을 받아야 할까?

뭉술   그 정도론 약하지. 소크라테스를 노벨상 수상자 정도와 비교하는 건, 반딧불을 저 빛나는 별에 빗대는 격이야.

 그나저나 소크라테스는 어디서 이런 배짱이 나오지?

뭉술   죽음이 두렵지 않아서! '밤새 안녕하셨어요, 할아버지?'란 소릴 들을 나이잖아.

범식   젊든 늙든 더 살고 싶어 하는 게 인지상정이야.

캐순   늙은 사람이 더 살고 싶어 하지 않을까?

금고형을 제의할까요, 아니면 벌금형을 제의할까요?
소크라테스: 앞에서 제가 동정과 애원에 대해 말했을 때처럼 이런 제가 너무 고집스럽다고 여기실지 모르겠습니다. 그러나 아테네인 여러분, 그렇지 않습니다. 저는 누구에게도 고의로 해를 가한 적이 없다고 확신합니다. 변론한 시간이 너무 짧았기에 여러분을 납득시키지 못했을 뿐입니다. 다른 나라들처럼 사형을 논하는 재판은 하루가 아닌 며칠간 진행된다는 법이 있었다면, 저는 여러분을 설득해 냈을 겁니다. 이토록 짧은 시간에 깊은 편견을 제거하기는 쉽지 않습니다.

저는 누구에게도 죄를 짓지 않았다고 확신합니다. 제가 형벌을 받아야 한다는 사실을 인정할 수 없습니다. 그래서 거기에 상응하는 형량을 제안할 수 없습니다. 형량을 제안해야 할 이유가 없잖습니까? 멜레토스가 제안한 '죽음'을 제안할까요? 저는 그것이 좋은지 나쁜지도 모릅니다. 나쁘다는 걸 확실히 아는 것 중에 골라 제의해야 합니까?

옥살이를 제안해야 하나요? 왜 제가 옥살이를 해야 하죠? 매년 임명되는 11인 위원회˙에 굴종하면서 말입니다. 아니면

* 아테네 10개 부족에서 매년 추첨으로 뽑힌 각각 한 명씩과 서기 한 명을 뜻한다.

벌금형을 제안해서 벌금을 청산할 때까지 감옥에 갇혀 있을까요? 제겐 벌금을 물 돈이 없으므로 금고형이나 벌금형이나 마찬가집니다.

범식   고집불통이지만 맞는 소리네!

 아름다운 고집이잖아.

캐순   금고형도 싫고 벌금형도 싫으면 남은 건 사형뿐인데?

아니면 추방형을 제의할까요? 아마도 그런 제의라면 여러분이 받아들일 것 같으니 말입니다.

아테네인 여러분, 그렇게 하면 저는 제 목숨에 필사적으로 매달리는 사람이 되겠지요. 하지만 여러분은 제가 여러분과 캐묻기를 하며 시간을 보내는 것을 너무도 무거운 짐짝처럼 여겨졌고 지긋지긋할 정도로 넌덜머리가 났을 겁니다. 그리고 저는 여러분이 거기에서 벗어나는 길을 찾으려 했다는 것도 모를 만큼 어리석지는 않습니다. 저와 같은 시민인 여러분도 그런데, 다른 나라 사람들이 저의 캐물음을 쉽게 견뎌낼 수 있을까요? 어림없는 소리지요.

이 나이 먹어가지고, 이 나라든 저 나라든 가는 곳마다 추방되어 떠돌며 남은 생을 보내는 게 참 멋지기도 하겠군요! 제가 어디로 가든 젊은이들은 제 말을 좇아 몰려들 것입니다. 이곳에서처럼 말입니다. 만약 제가 젊은이들을 물리치면 젊은이들은 어른들을 설득하여 저를 쫓아낼 것이고, 제가 젊은이들을 물리치지 않으면 젊은이들을 위해 그들의 아버지와 친척들이 저를 내쫓겠지요.

 오호! 추방형이 있었구나! 집에서 새는 바가지 밖에서도 샌다는 것 정도는 안다 이거지. 거기서도 미움을 받아 또 추방당할 테니, 결국 추방형도 제안할 수 없네.

캐순   일흔 살도 넘은 노인이니, 다른 나라에 가서 조용히 여생을 보내면 되기는 되겠지만…….

뭉술   나라면 다른 나라에서도 잘 먹고 잘 살 텐데!

조용히 살아갈 수 없는 운명이다

소크라테스: 누군가는 말하겠지요. "소크라테스여, 우리 곁을 떠나 조용히 침묵 속에서 살아간다면, 추방된 곳에서 살아갈 수 있지 않겠소?" 이 점에 대해 여러분을 납득시키는 것이야말로 정말 힘든 일입니다. "그것은 신에 대한 불복종입

니다. 그래서 저는 조용히 살아갈 수 없습니다." 제가 이렇게 말한다면, 여러분은 제가 핑계를 댄다며 제 말을 믿지 않을 것이기 때문입니다.

더욱이, 제가 사람에게 가장 좋은 것을 들먹이면 여러분은 제 말을 더욱 믿지 않을 겁니다. 사람에게 가장 좋은 것은 '사람으로서의 훌륭함'에 관해서 대화하는 것이고, 또 대화를 통해 저 자신과 다른 사람들에게 캐묻곤 했던 주제들에 관해 날마다 이야기를 나누는 것입니다. 그러니 '캐묻지 않는 삶은 살 가치가 없다'라고 말한다면, 여러분께서는 납득하시겠습니까?

여러분, '진실'은 제가 주장하는 대로입니다. 하지만 여러분을 납득시키기는 쉽지 않군요. 게다가 저는 제가 벌 받아 마땅하다고 생각하는 데 익숙하지도 않습니다.

"캐묻지 않는 삶은 살 가치가 없다." 소크라테스 자신의 삶을 이보다 더 잘 응축할 순 없겠는데?"

범식 그런 삶이 사람 일반에게 적용되어야 한다는 게 또 하나의 중요한 지점이란 생각이 든다.

뭉술 '사람은 캐묻는 동물이다', 말 되네. 동물이 캐묻진 않을 거 아니야?

"사람에게 가장 좋은 것은
'사람으로서의 훌륭함'에 관해서 대화하는 것이고,
또 대화를 통해 제 자신과 다른 사람들에게
캐묻곤 했던 주제들에 관해
날마다 이야기를 나누는 것입니다."

캐순   캐묻지 않으면, 그냥 동물인 거고. 어
       쩌면 짐승일 수도 있겠지.

범식   짐승으로 살아갈 순 없었겠지! 그
       것도 소크라테스 같은 현인이…….

       "캐묻지 않는 삶은 살 가치가 없다"
       는 말은, 델피 신전에 새겨져 있던 "너 자신을 알라"는 경구
       를 '그 시대 그 자신의 과제'로 받아들인 것에 대한 표현이
       라고도 합니다.

캐순   '무지몽매한 나!'라는 깨달음이 그 시대 과제가 되어야 할
       정도로 그 당시 사람들은 자기 잘난 맛에 살았다는 소린
       데…….

범식   문제는 그게 아니야. 아테네인 스스로 깨달은 게 아니라,
       '너는 무지몽매해. 그러면서도 안다고 자부하고 있어' 하는
       소리를 끊임없이 들어야 했다는 거지.

       그래서 소크라테스가 제안할 형벌은 뭘까? 궁금해지는데?

만약 저에게 돈이 있다면, 물어야 할 정도의 벌금형을 제안했
을 겁니다. 그래봤자 저에겐 조금도 해로울 게 없을 테니까
요. 하지만 저에겐 돈이 없습니다. 여러분이 제가 물 수 있는
만큼의 벌금을 제안하지 않는다면 말입니다. 아마도 은화 1

므나(숙련공의 100일 품삯)쯤은 물 수 있겠지요. 그래서 이 금액의 벌금형을 제안합니다.

하지만, 아테네인 여러분! 여기 있는 플라톤, 크리톤, 크리토불로스(크리톤의 아들), 아폴로도로스가 자기들이 보증할 테니 은화 30므나의 벌금형을 제안하라고 하는군요. 그래서 저는 그만큼의 벌금형을 제안합니다. 이들이 믿을 만한 보증인이 되어줄 것입니다.

🧑 가진 돈이 1므나, 즉 100일 품삯 정도이니까 그것으로 통치자는 건데, 아무리 그래도 그렇지 너무 심한 거 아닌가?

캐순 그래서 법정에 있던 친구들이 화들짝 놀라 30므나를 자기들이 나누어 내겠다고 한 거잖아. 30므나면 3,000일 품삯이니까, 9년 연봉을 최종적인 벌금 액수로 제안했어.

뭉술 친구들이 나누어 낼 돈이야 자기 돈이 아니니까 그렇다지만, 자기 돈 1므나를 벌금으로 내도 자기에겐 "조금도 해로울 것이 없다"는 소리는 또 뭐야?

야옹샘 앞에서 소크라테스가 "한참 못 미치는 자가 훨씬 훌륭한 사람에게 해를 입힌다는 것은 가당치 않기 때문"이라고 했

---

* 아스클레피아데스의 아들로, 그리스의 학자이자 문법학자였으며 소크라테스가 독배를 마시는 자리에 있었던 사람이다.

었던 거 기억나시죠? 그 말과 같은 맥락에서 하는 소리예요. 그에게 중요한 것은 영혼이지, 육체나 돈이 아니거든요. 더구나 돈은 직접적으로는 영혼과 아무런 관계도 없는 것이잖아요. 그러니 그의 수중에 있는 돈을 벌금으로 낸다고 해서, 그의 영혼에 어떤 해로움이 있겠어요? 돈에 대해서 그 정도로 생각하고 있는 사람에게 돈이 많았을 리 없으니, 벌금으로 제안한 세 달 치 월급 정도가 그가 가진 돈 전부였을 수도 있을 거예요.

범식   조롱하기 위해서 그 액수를 제안한 건 아니겠는데?

    놀라운 건, 그 자리에서 소크라테스의 구명 운동이 벌어져 9년 연봉, 요즘으로 치면 얼추 3,000만 원×9년=2억 7,000만 원이라는 거금(?)을 내기로 사람들이 약정했다는 거야.

뭉술   소크라테스를 무척 좋아하는 사람들이니까! 나도 그 자리에 있었으면 돈을 냈을 거야.

캐순   그런 변론을 듣고도 사형 선고를 때린 재판관들은 그럼 도대체 뭐지?

범식   재판관의 자질은 없으면서 헛된 이름만 믿고 똥폼 잡는 놈들이지.

    우리나라 재판관과 검사는 괜찮나?

캐순   따져볼 가치는 있는 걸까?

범식　검사와 판사는 공적인 것을 지키는 마지막 보루잖아? 그게
　　　증오와 선입견으로 똘똘 뭉쳐있다면, 그런 나라가 보여줄
　　　건 도대체 뭐지?

뭉술　소크라테스가 많이 태어난 나라가 되겠지.

범식　소크라테스가 많이 태어난 나라? 그게 갑자기 무슨 뚱딴지
　　　같은 소리야?

　　　쯧쯧. 소크라테스가 많이 죽은 나라겠지!

야옹샘　여기까지가 소크라테스의 공식적이고 합법적인 변론이에
　　　요. 재판관들이 사형 쪽을 택한 건 다 아실 테고, 이번 투표
　　　에선 앞에서 무죄 쪽에 투표했던 사람 중 40명 정도가 더
　　　'소크라테스 사형'에 투표하여 360 대 140으로 그 격차가
　　　많이 났어요.

범식　괘씸죄가 추가되었으니까!

야옹샘　이 뒷부분은 위원들이 사형 구형에
　　　따른 행정 절차를 밟는 동안 소
　　　크라테스가 '최후 발언'을 한 거
　　　예요.

　　　두둥~ 비장한 순간이군!

캐물음

07

죽음의 길을 감으로써
삶의 길을 열다

범식이와 캐순이, 뭉술이는 야옹샘과 함께 서대문 형무소를 방문했다. 야옹샘은 처참한 고문으로 고통을 받다 목숨을 잃은 독립운동가들 이야기를 들려주신다.

죽음보다 야비함을 피하는 것이 훨씬 더 어렵다

(재판관들의 표결에 따라 소크라테스에게 사형이 확정된 뒤, 형량 결정 판결에서
는 유무죄 결정 판결에서보다 멜레토스 쪽에 80표가 더 붙었다.)

소크라테스: 오오, 아테네인 여러분! 여러분은 얼마 되지도
않는 시간을 벌려다가, 이 나라를 헐뜯고 싶은 자들에게서 현
자 소크라테스를 죽였다는 악명과 비난을 듣게 될 겁니다.
저는 현자가 아니지만 여러분을 헐뜯고 싶은 자들은 어쨌든
저를 현자라고 할 테니까요. 조금만 참고 기다렸다면 여러분
이 원하던 일이 자연스럽게 일어났을 겁니다. 보다시피, 저는
이미 늙어서 죽음에 거의 다다랐기 때문이지요.

저는 여러분 모두에게 이 말을 하는 것이 아니라, 사형 언

도에 투표한 사람들에게만 하는 것입니다. 그분들께 한 마디만 더 해야겠네요. 여러분! 여러분은 제가 설득할 말이 부족해서 유죄 판결을 받았다고 생각하겠지요. 제가 무죄방면 되기 위해 온갖 행동과 말을 했다고 생각하고서 말입니다. 하지만 그렇지 않습니다. 제가 유죄 판결을 받은 것은 말이 부족해서가 아닙니다. 충분히 뻔뻔스럽거나 낯짝이 두껍지 못했기 때문이며, 여러분이 저에게서 듣고 싶었던 말을 하는 것을 거절했기 때문입니다. 여러분은 저에게는 어울리지 않는 짓, 즉 제가 울며불며 애원하기를 바랐겠지요. 다른 이들이 워낙 많이 해서 여러분에게는 당연시되는 짓 말입니다.

저는 변론할 때 위험에 처하더라도 자유인답지 못한 짓을 해서는 안 된다고 생각했습니다. 그렇기에 지금도 저의 선택을 후회하지 않습니다. 자유인답지 못한 변론을 하고서 사느니, 자유인답게 변론하다가 죽는 편이 저에게는 훨씬 더 낫기 때문입니다. 법정에서든 전쟁터에서든, 죽지 않으려고 아무 짓이나 해서는 안 되기 때문입니다. 전쟁터에서 스스로 무장해제를 하고서, 적군에게 목숨을 구걸해 죽음을 피하는 경우가 더러 있기에 하는 말입니다. 죽음을 피하기 위해선 무슨 짓거리든 무슨 말이든 해도 된다고 생각한다면, 어떤 위험에 처하더라도 살 방법은 많습니다.

하지만 여러분! 죽음을 피하는 게 어려운 것이 아니라, 야비함을 피하는 것이 더 어렵습니다. 야비함이 죽음보다 훨씬 더 빠르기 때문이지요. 저는 굼뜨고 늙어서 느린 것—죽음에 붙잡혔지만, 저를 기소한 사람들은 영리하고 잽싸서 빠른 것—야비함에 붙잡혔습니다. 지금 저는 여러분에게서 죽음을 선고받고 떠나지만, 저들은 이미 진리에 의해 사악하고 불의한 자라는 판결을 받았습니다. 저는 제게 내려진 판결을 받아들이고, 저들은 저들에게 내려진 판결을 받아들여야겠지요. 저에게 일어난 이 일은 이렇게 되게끔 되어 있었나 봅니다. 잘 된 일이라고 생각합니다.

저에게 유죄 판결을 내린 여러분들께 예언하겠습니다. 제가 사람들이 예언을 가장 잘하게 된다는 죽음에 가까이 왔으니 말입니다. 저를 사형에 처한 여러분은 제가 죽은 후 얼마 되지도 않아, 제가 받았던 형벌보다 훨씬 가혹한 벌을 받게 될 것입니다. 여러분은 자신의 삶이 캐물어지는 것에서 벗어나고자 이 일을 저질렀겠지만, 결과는 여러분의 뜻과는 반대로 더 많은 사람이 여러분을 캐물을 겁니다. 여러분은 잘 몰랐겠지만, 지금까지는 제가 그들을 말렸었지요. 이들은 젊기에 여러분을 더욱 가혹하게 대할 것이고, 여러분은 더욱 짜증나게 될 것입니다.

사람을 죽임으로써 누군가 여러분의 나쁜 삶의 방식을 비판하는 것을 막을 수 있다고 생각한다면, 그것은 큰 착각입니다. 그것은 가능하지도 아름답지도 않습니다. 비판에서 해방되는 가장 아름답고도 쉬운 방법은 타인을 억압하는 것이 아니라, 자기 자신을 훌륭하게 만드는 것입니다. 이것이 사형을 선고한 여러분에게 남기고 떠나는 제 마지막 말입니다.

캐순 "여러분은 현자 소크라테스를 죽였다는 악명과 비난을 듣게 될 것"이라는 말이 딱 들어맞는 예언이 된 거지? 지금도 그 소리가 메아리를 만들어내고 있으니까.

일흔이 넘은 사람을 죽이는 일에 왜 그리 안달이었지? 소크라테스 말처럼 그냥 내버려둬도 곧 죽을 나이잖아?

캐순 그 시간을 못 견딜 만큼 심성이 황폐화된 거지. 전쟁과 내란에 의해 심성이 고약해진 사람들 사이에서 견실하고 똑똑하게 살았던 소크라테스의 마지막 말은, 똑같은 역사를 살았던 우리에게 주는 말이기도 하다는 생각이 든다.

"나를 죽여도 비판에서는 자유롭지 못할 것이다!" 멋진 말이군.

"사람을 죽임으로써 누군가 여러분의 나쁜 삶의 방식을
비판하는 것을 막을 수 있다고 생각한다면,
그것은 큰 착각입니다.
그것은 가능하지도 아름답지도 않습니다.

비판에서 해방되는 가장 아름답고도 쉬운 방법은
타인을 억압하는 것이 아니라,
자기 자신을 훌륭하게 만드는 것입니다.
이것이 사형을 선고한 여러분에게 남기고 떠나는
제 마지막 말입니다."

죽음은 둘 중 하나

소크라테스: 그렇지만 무죄 판결을 내린 분들과는 제게 일어
난 이 일에 대해 기쁜 마음으로 말을 좀 더 나누고 싶습니다.
담당관들이 제가 죽을 곳으로 저를 데려가려고 바삐 업무를
처리하는 동안, 그 짧은 시간만이라도 말입니다. 여러분! 잠
시 제 곁에 머물러 주십시오. 정해진 시간까지는 우리의 대화
를 방해할 것이 없으니까요. 여러분은 제 친구이므로 지금 제
게 일어난 일의 의미를 밝혀드리고 싶습니다. 재판관 여러분!

여러분이야말로 재판관이라 불려 마땅합니다. 제게 놀라운
일이 일어났습니다.

왜 갑자기 "재판관 여러분"이라고 하지?

범식   자기에게 무죄 판결을 내려줬으니까, 상응하게 예우해 준
      거겠지.

캐순   단지 그뿐이라면 소크라테스에게 '소크라테스됨'이 없어.
      자기에게 유리하게 말해준 사람만 인정하는 꼴이 되니까.
      그런 소크라테스라면 멜레토스나 소크라테스나 피장파장,
      개쩐도쩐인 거지. 딱 부러지게 말할 순 없지만, 단순히 예
      우하기 위해서 "재판관 여러분"이라는 말을 쓴 것은 아니
      라고 생각해.

그런가? 그 점에 대해선 천천히 생각해 보자.

캐순   그런데, 소크라테스에게 유죄를 선고한 재판관들은 왜 그
      렇게 판결했을까? 변론을 죽 들어본 바에 따르면, 소크라
      테스를 고발했던 사유가 하나도 입증된 게 없잖아. 젊은이
      를 타락시켰다는 물증도, 무신론자라는 증거도 없어. 오히
      려 그 반대 증거는 널려 있어. 그런데도 유죄 판결을 내렸
      다는 건, 재판관들에게 문제가 있다고밖에는 달리 설명할
      길이 없는데?

우리가 고발자들의 소리를 충분히 듣지 못했기 때문에 그 렇게 생각하게 된 건 아닐까? 우리가 들은 고발자들의 소 리는 소크라테스가 그의 변론을 진행하기 위해 끄집어낸 것에 지나지 않잖아? 지금 우리는 고발자들이 직접 외친 그들의 목소리는 듣지 못했거든!

뭉술   맞아! 생각해 보니 정말 그렇네.

캐순   나도 《변론》에 그런 한계가 있다고 생각해. 하지만 그 점을 거꾸로 생각해 보자. 그 당시 핫 이슈였던 '소크라테스 재 판'에 대해 고발자들의 고발 사유를 정당화했던 논거가 그 들에 의해서건 또 다른 누구에 의해서건 단 하나도 전해오 지 않는 이유가 뭘까? 그들의 논거에서 취할 만한 게 단 한 구절도 없었다는 것을 뜻하는 게 아닐까?

뭉술   소크라테스 사형은 정당했다는 소리조차도 없긴 하지.

캐순   결국 범죄를 입증할 증거가 하나도 없었는데 사형을 시켰 다고 볼 수밖에.

무늬만 재판관이었다는 소리네. 자질이 전혀 없는 재판관 들이 한 재판!

범식   이름만 재판관인 사람을 재판관이라고 부르는 것도 멋쩍 기는 하지.

캐순   바로 그거였네! 그래서 소크라테스가 줄곧 "아테네인 여러분"이라고 했던 거야. 그러다가 "재판관 여러분"이라고 한 것은, 선입견과 증오심에 휘둘리지 않고 '법'에 따라 판결하는 사람이 누구인지 밝혀졌기 때문에 그들에게만 그 말을 써준 것 같아.

범식 　그들만이 명실상부名實相符(이름과 실상이 서로 꼭 맞음—편집자)한 재판관이라는 거지?

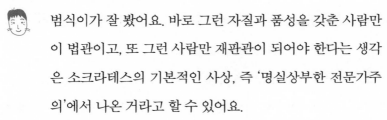 범식이가 잘 봤어요. 바로 그런 자질과 품성을 갖춘 사람만이 법관이고, 또 그런 사람만 재판관이 되어야 한다는 생각은 소크라테스의 기본적인 사상, 즉 '명실상부한 전문가주의'에서 나온 거라고 할 수 있어요.

범식 　앞에 있었던 말[馬] 조련사 얘기에서도 전문가주의가 나왔지. 그때, 멜레토스에게 젊은이의 교육에 대해 생각해 보지도 않은 주제에 그것에 대해 떠든다고 조롱하기도 했고.

캐순 　하지만 이 재판에 참여했던 500명 모두 법적으론 재판관이잖아?

범식 　그렇지. 하지만 소크라테스는 명실상부해야 한다는 입장인 거지. 그렇다고 재판관으로서의 그들의 법적인 지위를 현실적으로 부정하는 것은 아니야. 그렇기에 재판정에 나와 그들 앞에서 변론을 한 걸 테고.

캐순 　그렇다면 '재판관 여러분'이라고 해줄 수도 있는 거잖아?

왜 그렇게 안 했지?

범식   "아테네인 여러분"이라고 말함으로써, 그들로 하여금 재판
관으로서의 품성과 자질이 그들 자신에게 있는가를 되돌
아보게 하는 계기로 만들고 싶었던 게 아닐까?

캐순   이것이 그 유명한 '산파술'인가? 스승이 도움을 주되 제자
스스로 지혜를 분만하게 한다는 교육방법!

범식   그 말이 맞는 것 같다. 우리는 이 재판에서 그의 산파술을
생생하게 보게 된 거야!

산파술? 어디서 들어보긴 했는데…….

범식   그래, 산파술. 아이 낳는 것을 도와주는 산파! 스승은 제자
가 아이를 낳도록 도와주는 산파란 거지. 아이를 낳는 사람
은 제자 자신일 수밖에 없다는 생각과 그 교육방법.

캐순   그에게서 목숨을 빼앗아 갈 재판에서조차도 그는 스승으
로서의 자기 구실에 충실했다는 거네, 그럼. 멋지다!

범식   어리석은 재판관들이 이런 훌륭한 스승을 독살하다니!

뭉술   어리석은 재판관이라…….

이들이 이렇게 말도 안 되는 판결을 내리게 된 근본 원인은
도대체 뭘까?

범식   미워함과 증오가 만든 선입견이 가장 큰 원인이겠지.

캐순   맞아. 그런데 그 지독한 증오는 어디에서 나왔지?

범식　그들의 무지를 폭로하며, '제대로 알지도 못하면서 안다고 여기지 말라'라며 돌아다녔던 소크라테스의 말.

캐순　결국 그 말을 원천봉쇄하고 싶었던 건가?

　　　원천봉쇄? 그랬겠지. 하지만 오히려 그의 말을 영원한 메아리로 만들었어! 그래서 지금 우리에게도 들리고 있지.

뭉술　세상사 참으로 묘하구나!

캐순　"무지의 지"라는 소리는 목숨을 내건 어마어마한 말이었어! 그것도 모르고 우리는 단순히 따라 하기만 했으니, 참 내.

범식　수업 시간에 그냥 쓱 훑고 지나갈 소리가 아닌 거지!

　　　그랬군!!! "너 자신을 알라"에 이렇게 큰 뜻이 있을 줄이야…….

캐순　소크라테스의 말을 마저 듣자. 그의 뜻과 행동을 이해해 주어 그의 친구가 된 사람들에게 들려주는 놀라운 경험이라잖아.

전에는 제가 옳지 않은 일을 하려 하면, 그것이 아무리 사소한 일이더라도 제게 친숙한 영적인 소리가 나타나 반대하곤 했습니다. 지금 저에게는 대부분의 사람들이 보기에 최악이라고 여겨지는 일이 닥쳤습니다. 그러나 그 영적인 소리는 아침에 제가 집을 나섰을 때도, 법정으로 올라올 때도, 변론을 하는 중에도 제게 반대하지 않았습니다. 다른 날 토론 중에는 제 말을 여러 번 제지하곤 했지만, 이번에는 제가 무슨 행동이나 말을 해도 반대하지 않았습니다.

이유가 무엇이라 여기느냐고요? 말씀드리죠. 제게 좋은 일이 일어났기 때문일 겁니다. 우리 중 죽음을 나쁘다고만 생각하는 분들은 아마도 틀린 것 같습니다. 제게는 강력한 증거가 있습니다. 제가 하려는 일이 좋지 않았다면, 그 익숙한 소리가 반대했을 테니까요.

죽음이 좋은 것일 수도 있는 가능성을 생각해 봅시다. 죽음은 둘 중 하나입니다. 죽은 자의 감각이 사라지는 소멸이거나, 사람들 말처럼 이승에서 저승으로 가는 변화겠죠.

그런데 죽음이 감각이 없는 상태이지만, 꿈조차 없는 수면 상태와 같은 것이라면 죽음은 큰 이익일 겁니다. 그런 잠을 잤던 밤과 다른 날들을 비교했을 때, 그 밤보다 더 잘 산 날과 더 즐거웠던 날이 평생에 얼마나 되는지 숙고해 보신다면, 그런 날은 많지 않을 것입니다. 일반인뿐 아니라 대왕(페르시아 왕)조차 그럴 겁니다. 죽음이 그런 것이라면 저는 죽음을 이익이라 말하겠습니다. 영원도 하룻밤보다 길지 않을 테니까요.

만약 죽음이 이승에서 저승으로 가는 것이고, 흔히 사람들이 말하듯 한참 전에 죽은 자들까지 모두 그곳에 있다고 가정해 봅시다. 재판관 여러분, 이보다 더 좋은 게 있을까요? 스스로 재판관이라 주장하는 여기 이 사람들로부터 벗어나 저승(하데스)으로 가서 진정한 재판관들을 만나는데도, 이 떠남이 하찮을까요? 그곳에서 재판을 한다는 미노스,* 라다만티스,† 아이아코스,‡ 트립톨레모스(엘레우시스의 입법자), 그리고 정의롭게 산 반신반인(아킬레우스 등)을 만날 수 있는데도 그렇습니까?

거기에 오르페우스,§ 무사이오스(오르페우스의 제자), 헤시오도스,¶ 그리고 호메로스까지 만날 수 있다면, 얼마를 내야 할까요?

참으로 만날 수만 있다면 저는 몇 번이고 죽을 겁니다. 그곳에서의 시간(삶)은 저에겐 엄청 놀라운 일일 테니까요. 팔라

---

* 제우스와 에우로페의 아들로, 크레테의 전설적인 왕이다. 그리스 최초로 함대를 만들어 에게 해 대부분을 통제했다.

† 형인 미노스와 함께 크레테의 법을 만들었다.

‡ 아이기나 섬의 입법자이자, 신들의 분쟁도 중재하는 자이다.

§ 트라케의 전설적인 시인이자 악사로, 일설에 의하면 그의 아버지는 인간 오이아그루스가 아니라 음악을 관장한 신 아폴론이었다고도 한다.

¶ 보이오티아 출신의 뻬어난 서사시인이며, 《신들의 계보》를 지었다.

메데스, 텔라몬의 아들 아이아스,† 그리고 그 외에 부정한 판결로 죽은 사람들을 만나 제가 겪은 일과 그들의 일을 비교해 보며 지내는 것은 즐거울 테니까요.

하지만 가장 중요한 것은 그곳 사람들 중 참으로 지혜로운 사람은 누구고, 지혜롭지도 않으면서 자신이 지혜롭다고 생각하는 사람은 누구인지를 가려내기 위해 캐묻고 돌아다니며 살 수 있다는 겁니다. 재판관 여러분! 트로이로 대군을 이끈 오디세우스†나 시시포스,‡ 또는 그 외 이름난 수많은 남녀를 캐물으며 지낼 수 있다면 그 대가로 얼마인들 못 내겠습니까? 그들과 대화하며 캐묻는 것은 큰 행복일 테니까요.

거기서는 그렇게 한다고 하여 사람을 죽이지는 않을 게 확실합니다. 전해 내려오는 말이 사실이라면, 그곳 사람들은 이곳 사람들보다 여러 가지 면에서 훨씬 행복하지만, 특히 그

---

*   트로이 전쟁에 참전한 그리스 측 장군으로, 모함을 받아 돌에 맞아 죽었다.

†   그리스 측의 가장 뛰어난 장수인 아킬레우스가 죽자 그의 갑옷을 누가 차지할 것인가를 두고 논한 결과 오디세우스가 차지하게 되었다. 하지만 무술에 있어 아킬레우스 다음이었던 아이아스에게 돌아가야 한다고 생각하는 사람이 많았다.

‡   트로이 전쟁에 참전한 사람 중 가장 꾀가 많고 지혜로운 자로 알려져 있다. 이타카의 영주, 트로이 전쟁의 영웅, 트로이 목마의 고안자이다.

§   코린토스 시를 건설한 왕으로, 신들을 속여먹을 정도로 영악하여, 그 벌로 날마다 산꼭대기까지 바윗돌을 굴려 올려야 하는 벌을 받았는데, 정상에 거의 다다르면 돌이 굴러 떨어져 그때마다 매번 다시 시작해야 하는 '영원한 죄수의 화신'이다.

들은 영원히 죽지 않는다는 점입니다.

신은 착한 사람의 일에 무관심하지 않다

소크라테스: 재판관 여러분, 여러분도 죽음을 흔쾌히 맞아야 합니다. 착한 사람에게는 살아서나 죽어서나 나쁜 일은 결코 일어날 수 없으며, 이런 사람의 일을 신들은 소홀히 다루지 않는다는 점, 이것만은 진리라고 명심해야 합니다. 지금 저에게 닥친 일이 절로 생겨난 것은 아닙니다만, 죽어서 이 골칫거리로부터 벗어날 수 있게 되었으니 저에게는 더 잘된 일이지요. 이 때문에 그 영적인 소리가 저를 말리지 않았을 겁니다. 저 역시 저에게 유죄 투표한 이들과 저를 기소한 사람들에게 전혀 화가 나지 않습니다.

물론 저들이 그렇게 한 것은 저를 골칫거리로부터 벗어나게 하려는 의도에서 그런 것은 아닙니다. 저를 해코지하려고 했지요. 이 점에서 그들은 비난받아야 마땅합니다.

하지만 저는 그들에게 한 가지 부탁하려 합니다. 제 자식들이 다 자랐을 때, '사람으로서의 훌륭함'보다 돈이나 그 밖의 것에 마음이 쏠려있다 싶으면, 제가 여러분을 괴롭힌 것과 똑같은 방법으로 제 자식들을 괴롭혀 복수하기를 바랍니다.

또한 제 자식들이 아무것도 아니면서 뭐나 되는 듯이 까불면, 제가 여러분을 나무랐던 것과 똑같이 제 자식들에게도 나무람하시기 바랍니다. 마음을 모아야 할 것엔 마음을 모으지 않고, 아무짝에도 쓸모없는 인간이면서도 뭐나 된 듯이 우쭐해한다면 말입니다. 이렇게 해주실 때, 저도 그렇고 제 자식들도 역시 올바른 대접을 받게 되는 것입니다.

이제 떠날 시간입니다. 제 앞에는 죽음으로의 길이, 여러분 앞에는 삶으로의 길이 놓여 있습니다. 어느 길이 더 나은지는 오직 신만이 아십니다.

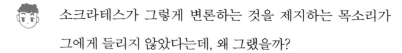 소크라테스가 그렇게 변론하는 것을 제지하는 목소리가 그에게 들리지 않았다는데, 왜 그랬을까?

뭉술 그런 변론 때문에 그 자신은 죽게 되었지만, 그렇게 된 게 더 좋은 일일 수도 있다는데, 정말 그럴까?

캐순 그때, 살기 위해서 그가 고발자나 재판관의 비위를 맞추었더라면, 지금 우리가 아는 소크라테스는 없었을 테니까.

범식 죽음으로의 길을 감으로써 삶으로의 길을 열다! 멋진 스승이네.

뭉술 멋진 말이기도 하고!

캐순 교언영색할 필요도 없었고!

범식 죽은 뒤에 펼쳐지게 될 여러 가능성…… 재미있지 않니?

"이제 떠날 시간입니다.
제 앞에는 죽음으로의 길이,
여러분 앞에는 삶으로의 길이 놓여 있습니다.
어느 길이 더 나은지는 오직 신만이 아십니다."

소크라테스가 미노스 왕, 헤라클레스, 오르페우스, 호메로스, 아킬레우스, 오디세우스 등을 만나 꼬치꼬치 캐물을 수 있다면 그는 정말 행복할 거야.

캐순 웃픈(웃기지만 슬픈) 이야기다.

범식 우리가 일연 스님, 세종대왕, 이순신, 황진이, 신사임당, 허난설헌 등등을 만나 날마다 그들과 얘기할 수 있는 셈인데? 물론 먼저 죽은 가족·친구들과도…….

캐순 그뿐이 아니지. 환인, 곰녀, 단군, 주몽, 소서노와 그의 아들 온조대왕도 만나 볼 수 있지.

뭉술 나는 '곰녀'가 제일 궁금해.

나는 주몽! 분명 엄청 멋있을 거야. 소크라테스가 말한 것처럼 '죽음'은 참 묘하다는 생각이 들어. 그것에 대해 아는 건 하나도 없는데, 마냥 두렵다고만 여겨지는 게 죽음이니.

범식 죽음에 대한 소크라테스의 태도에 대해선 난 판단이 잘 서지 않아. 다른 세 성인聖人은 죽음을 어떻게 바라봤지?

부처님은 죽음이 없으면 삶도 없고, 삶이 없으면 죽음도 없으므로 삶과 죽음은 하나라고 했어요. 다만 시절 인연時節因緣 속에서 삶으로 또는 죽음으로 드러날 뿐이라는 거죠.

뭉술 시절 인연은 또 뭐지?

야옹샘 '시절 인연'이란 불가에서 쓰는 말인데, 모든 인연에는 오

208

고 가는 시기가 있다는 뜻이에요. 그래서 우리가 이렇게 친구로도 만나고 스승과 제자로도 만난 것이겠지요.

공자는 "삶을 알지도 못하는데 죽음을 어찌 알겠는가" 하며, 죽음을 괄호쳤어요. 죽음에 의해 삶이 규정되어서는 안 된다는 생각 때문이었을지도 모르겠어요. 삶은 삶 그 자체에 의해 충실해져야 하고, 또 그럴 수 있다는 믿음이었겠죠.

뭉술   예수님은 죽어야 다시 산다고 했어. 마치 한 알의 밀알이 땅에 떨어져 썩어야 거기서 새 생명이 돋아나듯이. 그래서, 자신이 죽임을 당하는 것을 피하지 않았지. 소크라테스처럼!

 오~~ 뭉술이!!!

캐순   역시 그것도 고발자와 재판관이 문제였어.

범식   맞아. 예수님도 소크라테스처럼 법이 아니라, 법을 빙자한 자들에 의해 죽임을 당했지!

 어느새 책 한 권 읽기가 끝났네요! 두고두고 곱씹어볼 말이 많았죠?

범식, 캐순, 뭉술   네~ 야옹샘!

야옹샘   마지막으로 소크라테스의 말 중에서 자기 마음에 깊게 와 닿았던 구절을 돌아가면서 읊은 뒤,《변론》을 마무리하는 건 어떤가요?

 좋아요~~ 야옹샘!

캐순　제가 먼저 할게요. 제가 가장 인상 깊게 읽은 부분은 "사람에게 가장 좋은 것은 '사람으로서의 훌륭함'에 관해서 대화하는 것이고, 또 대화를 통해 저 자신과 다른 사람들에게 캐물곤 했던 주제들에 관해 날마다 이야기를 나누는 것이다. 그러니 캐묻지 않는 삶은 살 가치가 없다!"에요.

뭉술　음…… 난 영혼에 대해 이야기한 부분이 마음에 들어! "자신의 육체와 재산이 아니라, 자신의 영혼이 최선에 이르는 것에 가장 큰 관심을 쏟아야 한다. 재산에서 사람의 훌륭함이 나오는 것이 아니라, 사람의 훌륭함으로 인해 재산과 그 밖의 모든 것이 좋은 것이 되기 때문이다."

샘은 자식들의 교육에 대한 말이 생각나네요. "제 자식들이 다 자랐을 때, '사람으로서의 훌륭함'보다 돈이나 그 밖의 것에 마음이 쏠려있다 싶으면, 제가 여러분을 괴롭힌 것과 똑같은 방법으로 제 자식들을 괴롭혀 복수하기 바랍니다."

범식　저는 '비판에서 해방되는 방법'이 가장 기억에 남아요. "사람을 죽임으로써 누군가 여러분의 나쁜 삶의 방식을 비판하는 것을 막을 수 있다고 생각한다면, 그것은 큰 착각입니다. 그것은 가능하지도 아름답지도 않습니다. 비판에서 해방되는 가장 아름답고도 쉬운 방법은 타인을 억압하는 것이 아니라, 자기 자신을 훌륭하게 만드는 것입니다."

야옹샘 　죽음과 삶에 대한 부분도 빼놓을 수 없겠네요. "제 앞에는 죽음으로의 길이, 여러분 앞에는 삶으로의 길이 놓여 있습니다. 어느 길이 더 나은지는 오직 신만이 아십니다."

　나도 하나 더! 야옹샘이 읊었던 부분의 바로 앞이에요. "이제 떠날 시간입니다~!"

부록

《변론》 원문*

1

아테네인 여러분! 저를 고발한 자들의 말을 듣고 여러분이 어떻게 생각하는지 저는 잘 모릅니다. 그러나 저는 그들 말을 듣고 제가 누구인지 잊어버릴 뻔했습니다. 그들의 말은 그만큼 설득력이 있었지만, 진실은 단 한마디도 들어있지 않았습니다. 그들의 거짓말 중에서 특히 놀라운 것은, 제가 말을 아주 잘 하니까 저에게 속아 넘어가지 말라고 여러분에게 충고한 것이었습니다. 제가 말을 잘 하지 못한다는 게 밝혀지면 그들이 거짓말을 한 게 바로 드러날 텐데도 그들은 아무런 거리낌도 없이 그렇게 말했습니다. 참으로 뻔뻔스러운 자들이지요. 물론 제가 웅변가처럼 말을 잘한다는 것에 동의할 수도 있습니다. '진실을 말하는 사람'을 웅변

* 《변론(고대 그리스어: Ἀπολογία)》은 플라톤의 초기 대화편 네 작품(《변론》, 《프로타고라스》, 《파이돈》, 《향연》) 중의 하나로, 기원전 399년 부당한 죄목으로 피소된 소크라테스의 법정法廷 변론이다. 독자들을 위해 번역문 전문을 부록으로 싣는다. 부록에서는 본문과는 별도로 두 번의 고발과 판결 절차에 따라 크게 다섯 부분으로 나뉘었고, 총 33부분으로 나누어 실었다.(편집자)

가라고 한다면 말입니다. 그런 뜻이라면 저는 그들과는 비교도 안 되는 웅변가입니다. 이제껏 그들 말엔 진실이 눈곱만큼도 들어있지 않았습니다. 이제 여러분은 저에게서 진실만을 듣게 될 것입니다.

아테네인 여러분! 그들은 미사여구를 잔뜩 늘어놓았지만, 저는 제우스에 맹세코 화려하게 장식하지 않고 평소처럼 그때그때 생각나는 대로 말하겠습니다. 제 말이 올바르다는 확신이 있기 때문입니다. 여러분께서도 그 이상은 기대하지 않길 바랍니다.

여러분! 이 나잇살이나 먹어가지고, 젊은이들처럼 말을 꾸며서 하는 건 어울리지 않을 것입니다. 아테네인 여러분께 간곡히 부탁드립니다. 제가 시장통 환전소에서 말하는 것을 들은 분들이 있을 텐데, 꼭 그때처럼 말하더라도 놀라지 말고 소란도 피우지 않길 바랍니다. 저는 일흔 살이나 먹었지만, 법정에 서는 것은 이번이 처음이라 법정에서 쓰는 말투에는 익숙하지 않습니다. 이곳의 말투는 제겐 외국말처럼 낯설게 여겨질 정도입니다. 제가 만약 다른 고장에서 태어났더라면, 제가 그 고장 사투리로 말하더라도 여러분께서는 그대로 받아줄 수 있지 않습니까? 그러니 제가 말하는 방식에 대해서는 여러분께서 이해를 해주시길 바랍니다. 그게 정당하니까요. 여러분께선 오직 제가 옳은 말을 하고 있는지 그렇지 않은지만 살피시기 바랍니다. 그것이 재판관(배심원)의 덕목이기 때문입니다. 변론자(웅변가)의 덕목이 '진실을 말하는 것'에 있듯이 말입니다.

첫 번째 무고와 나중의 고발

2

아테네인 여러분! 저는 '맨 처음 저를 무고했던 자들'에 대해 변론을 하고, 이어서 '나중에 저를 고발한 자들'에 대해 변론을 하도록 하겠습니다. 왜냐하면 오래전부터 많은 사람들이 얼토당토 않는 소리로 저를 무고해 왔기 때문입니다. 사실 저에겐 그들이 아뉘토스와 그 무리보다도 더 두렵습니다. 그렇다고 이들이 무섭지 않다는 것은 아닙니다. 하지만 여러분, 처음에 저를 무고한 자들은 정말 무서운 자들입니다. 그들은 여러분이 어렸을 때부터 다음과 같이 말해왔기 때문입니다. "소크라테스라는 현자는 하늘에 있는 것들을 헤아리고, 땅에 있는 온갖 것을 탐구할 뿐만 아니라, 근거가 약한 주장을 근거가 확고한 주장으로 바꾸는 자이다." 하지만 이런 말은 진실이라곤 눈곱만큼도 없습니다.

아테네인 여러분, 이런 소문을 퍼뜨렸고 지금도 퍼뜨리고 있는 사람들이야말로 저에게는 두려운 고발자들입니다. 이런 소문을 들은 사람들은 틀림없이 다음과 같이 생각할 수 있기 때문입니다. 그런 식의 탐구 활동을 하는 자들이라면 신의 존재를 믿지 않을 거라고 말입니다. 더욱이 이들은 수가 많으며 아주 오래 전부터 저를 고발해 왔습니다. 게다가 여러분은 듣는 족족 믿어버리는 어린 시절이나 청소년기부터 그들의 고발을 들어왔습니다. 그때 저를 위해 변론해 주는 이는 아무도 없었으니, 궐석재판을 한 셈이지요. 하지만 정말로 말도 안 되는 점은 따로 있습니다.

희극 작가 한 명을 빼고는, 그들이 누구인지를 몰라 그들의 이름을 댈 수도 없다는 것입니다. 중상모략과 시기심에 사로잡혀 여러분을 설득했던 사람도 많고, 또 정말 그렇게 믿게 되어 다른 사람을 설득하려 드는 사람도 많지만, 어쨌든 그런 사람들은 정말 다루기 힘듭니다. 그들 중 누구도 이 자리로 불러내어 반대 신문을 할 수도 없습니다. 저는 그림자와 싸우고 대답도 없는 곳을 향하여 논박해야 합니다. 이런 상황이니, 여러분께선 저를 고발한 부류가 둘이라는 것을 명심해 주시기 바랍니다. 한 부류는 지금 이 자리에 저를 세운 자들이고, 또 다른 부류는 오랜 세월 동안 저를 고발해 왔다고 제가 방금 말한 사람들이지요. 저는 후자들의 고발부터 먼저 다루겠습니다. 여러분께서도 그게 마땅하다고 여기실 겁니다. 왜냐하면 여러분은 그 고발을 최근의 고발보다 훨씬 일찍부터 들었을 뿐만 아니라, 오래된 고발이 최근의 고발보다 더 고약하기도 하기 때문입니다.

아테네인 여러분, 이제 변론을 시작하겠습니다. 이 짧은 시간 안에, 저는 여러분이 그토록 오래 갖고 있던 편견을 지워야 합니다. 이 일을 하는 것이 여러분과 저에게 바람직한 일이라면 제가 변론에 성공하기를 바랍니다만, 쉬운 일이 아니라는 것 또한 잘 알고 있습니다. 그리고 이 일의 성격이 무엇인지도 잘 알고 있습니다. 그럼에도 저는 법에 따라 변론을 할 것이고, 결과는 신의 뜻에 맡겨야겠지요.

첫 번째 고발에 대한 변론

3

자, 다시 처음으로 되돌아가 저에 대한 선입견을 만든 고발이 무엇인지 살펴보겠습니다. 실상 멜레토스도 그 선입견을 사실이라고 믿고 최근에 저를 고발했을 겁니다. 좋습니다. 그 비방자들이 무슨 말로 저를 비방했지요? 그들이 실제 저를 법정에 고발했다면, 고소장 내용은 아마도 다음과 같았을 겁니다.

"소크라테스는 악행을 저질렀고, 주제넘은 짓을 하는 자이다. 그는 지하에 있는 일이나 천상에 있는 것들을 탐구할 뿐만 아니라, 근거가 약한 말을 근거가 확고한 것으로 바꾸고, 다른 사람들도 그렇게 하도록 만들기 때문이다."

이 내용은 여러분이 아리스토파네스의 희극에서 본 그대로입니다. 그 연극을 보면, 소크라테스라는 인물이 광주리를 타고 이리저리 왔다 갔다 하면서, 자기는 공중을 걷고 있다고 말하기도 하고, 또 말도 안 되는 다른 소리를 계속 지껄입니다. 사실 저는 그런 것들에 대해 알고 있는 게 전혀 없습니다. 그렇다고 그런 것에 관한 지식을 별 볼 일 없다고 여기는 건 아닙니다. 누군가 그것을 정말로 잘 안다면 얕볼 수 있는 지식이 아닐 겁니다.

아테네인 여러분, 제발 멜레토스가 저를 그런 죄목으로 고발하지 않았길 바랍니다. 그런 것들은 제 관심사가 전혀 아니기 때문입니다. 여기에 계시는 여러분이 증인입니다. 여러분 중에는 평소에 제가 하는 말을 들은 사람이 많으니, 부디 서로에게 말씀해 주십시오. 제가 그런 것들에 대해 조금이라도 언급하는 것을 들은 분이 있으면, 지금 이 자리에서 밝히십시오. 이제 여러분께선 저에 대한 다른 소문들도 전혀 근거가 없는 낭설에 지나지 않다는 것을 아실 겁니다. 고발자들이 저에 대해 말하는 것은 그 무엇도 사실이 아닙니다.

4

제가 누구를 가르치려 하고, 그 대가로 돈을 받는다는 소문도 사실이 아닙니다. 그러나 사람을 가르칠 수 있다면 그것은 좋은 일이라고 생각합니다. 레온티노이 출신 고르기아스, 케오스 출신 프로디코스, 엘리스 출신 히피아스처럼 말입니다. 그들은 어디든 원하는 도시로 가서 그곳의 젊은이들을 설득하고 있습니다. 그 도시 젊은이들은 자기 도시 사람에게서 무료로 배울 수 있는데도, 기꺼이 수업료를 내며 그들에게 배울 정도로 그들은 설득력이 있습니다. 파로스 출신인 또 다른 소피스트가 지금 이 도시에 와 있다고 저에게 알려준 사람이 있는데, 그는 다른 사람들이 소피스트들에게 지불한 사람들의 돈을 다 합친 것보다 더 많은 돈을 지불한 사람입니다. 힙포니코스의 아들 칼리아스 말입니다. 그는 두 아들을 두었기에 제가 물었습니다.

"오, 칼리아스! 만약 당신의 두 아들이 망아지나 송아지로 태어났다면, 우리는 그들의 본성에 걸맞는 것을 잘 키워줄 사람을 찾아내 고용해야겠지요? 그는 말[馬]을 잘 다루는 사람이거나 농사를 잘 짓는 사람일 것이오. 하지만 당신의 아들들은 망아지나 송아지가 아니라 사람이오. 그러면 당신은 누구에게 아들을 맡겨야 한다고 생각하오? 사람으로서 그리고 시민으로서 그에 걸맞은 덕성을 잘 알고 있는 사람이 누구요? 당신은 아들을 둘이나 두었으니 그 점에 대해 생각해 보았으리라 여기기 때문에 묻는 것이오. 그런데 그런 사람이 있기는 있나요? 아니면 없나요?"

"있다마다요."

"누군데요? 어디 출신이고 돈을 얼마나 내야 하지요?"

"에우에노스랍니다, 소크라테스! 파로스 출신이고 5므나를 받지요."

그래서 저는 에우에노스는 운이 좋은 자라고 생각했습니다. 그가 정말로 그런 전문 지식을 갖고 있어서 그 정도의 돈을 받고 지식을 가르쳐 준다면 말입니다. 만약 제게도 그런 전문 지식이 있었다면, 저는 틀림없이 뽐내고 우쭐댔을 것입니다. 하지만 아테네인 여러분! 제게는 그런 지식이 없습니다.

5

그러면 여러분 중에는 다음처럼 되받아 칠 사람이 있겠지요.

"아니 소크라테스, 그럼 뭐가 문제요? 어째서 당신을 비방하는 조롱들이 생겨났죠? 당신이 여느 사람과 달리 행동하지 않았다면, 당신에 관한 그런 소문이 나지 않았을 것 아니오. 당신이 무던히도 유별난 짓을 했기 때문에 그런 소문이 돌았을 것이오. 이제 우리에게 툭 터놓고 이야기하시오. 우리가 당신에 대해 분별없는 판단을 하지 않도록 말이오."

당연히 그래야지요. 이제부터 제가 왜 그런 유명세를 얻었고, 왜 그런 선입견이 생겨났는지를 여러분께 밝히도록 하겠습니다.

자, 내 말을 잘 들어주십시오. 어떤 사람은 제가 농담을 하고 있다고 여길 수도 있겠습니다만, 저는 진실만을 말할 것입니다. 아테네인 여러분, 제가 이런 유명세를 얻게 된 건 바로 '특별한 지혜' 때문입니다. 그게 어떤 지혜냐고요? 그것은 인간이 가질 수 있는 지혜일 것입니다. 이런 조건에서라면 저는 지혜로울 수 있기 때문입니다. 하지만 제가 앞에서 말했던 그 사람들은 인간을 넘어서는 지혜를 가진 듯합니다. 저로서는 달리 말할 수가 없는 이유가, 저에겐 그런 지혜가 없기 때문입니다. 어떤 사람이 저에게도 그런 지혜가 있다고 말한다면 그는 거짓말을 하고 있는 겁니다. 저를 모함하려는 의도에서 말입니다.

아테네인 여러분! 제가 여러분에게 엄청난 소리를 한다고 할지라도 소동은 일으키지 말길 바랍니다. 제가 하는 말은 제 말이 아니라 여러분께서도 신뢰할 만한 분의 말을 제가 대신하는 것일 뿐이니까요.

델피의 신을 저는 증인으로 모시겠습니다. 이 분이 제가 가진 지혜가 어떤 지혜인지 말씀해 주실 겁니다. 여러분께선 카이레폰을 아시리라 생각합니다. 그는 젊었을 때부터 저와 막역하게 지냈지만, 여러분과도 막역한 사람입니다. 그는 여러분과 함께 추방되었다가 여러분과 함께 돌아온 민주주의의 열렬한 지지자입니다. 그래서 여러분은 카이레폰이 어떤 사람인지, 또 그가 얼마나 열정적인지도 잘 압니다. 그런 그가 언젠가 델피 신전에 갔을 때, 대담하게도 다음처럼 묻고 신탁을 요청했습니다. 그런데 여러분, 아까 제가 말한 대로 제발 소동은 일으키지 마시길 바랍니다. 그가 물었던 건 저, 즉 소크라테스보다 더 현명한 사람이 있는

가였습니다. 이에 그곳 여사제(무녀)는 더 현명한 이는 없다고 대답했습니다. 카이레폰은 이미 죽어 이 일에 대해 증언할 수 없지만, 지금 이 자리에 있는 그의 형제가 여러분에게 증인이 되어줄 겁니다.

6

무엇 때문에 제가 이런 말을 하겠습니까? 저에 관한 선입견이 어떻게 생겨나게 되었는지를 여러분에게 밝히기 위해서입니다. 그 신탁을 듣고 저는 제 자신에게 물었습니다.

"도대체 신의 말은 무엇을 의미하는가? 이 수수께끼는 도대체 뭔가? 나는 정말이지 조금도 현명하지 못하다. 내 스스로도 그것을 잘 알고 있다. 그런데도 신은 내가 이 세상에서 제일 지혜로운 자라고 했으니, 그 뜻이 있을 게 아닌가? 신이 거짓말을 했을 리는 없다. 신이 거짓말을 한다는 건 있을 수 없는 일이니까!"

그 뒤로 한참동안 저는 그 뜻이 무엇인지를 풀지 못해 당혹스런 상태였습니다. 그러다가 저는 주저했지만 결국 다음과 같은 방법으로 이 문제를 풀기로 했습니다. 저는 현자라고 알려진 사람 중 한 명에게 찾아가기로 했습니다. 저보다 현명한 이가 있다는 게 밝혀지면, "이 사람이야말로 현명한 사람입니다. 그런데도 당신께선 제가 제일 현명하다고 했습니다"라며 신탁을 부정하려고 했던 거지요. 그래서 저는 이름난 사람을 찾아갔습니다. 그 사람의 이름을 굳이 밝히지 않아도 알 만한 사람은 그가 누구인지 다 압니다. 아테네인 여러분, 저는 정치가인 그를 지켜보고서 다음과 같이 결론을 내렸습니다.

'많은 사람들이 이 사람을 현명하다고 여긴다. 특히 그 자신은 더 그렇다. 하지만 내겐 그렇게 보이지 않는다.'

그래서 저는 그가 현명한 것처럼 보이지만, 사실은 현명하지 않다는 사실을 그에게 밝혀주려 했습니다. 그 때문에 저는 그 사람과 그 사람 주위에 있던 사람들에게서 미움을 샀습니다. 저는 그 자리를 떠나면서 결론을 내렸습니다.

'이 사람보다는 확실히 내가 더 지혜롭다. 우리 둘 중 누구도 참으로 좋은 것을 알고 있지 않은 것 같다. 그런데도 저 사람은 자기가 모르는 것을 안다고 생각하고 있고 나는 모르는 것은 모른다고 생각하고 있지 않은가. 그러니 내겐 그보다 내가 더 지혜로워 보인다. 모르는 것을 아는 것으로 믿지 않는 쪽 그만큼 더 지혜롭다. 이어서 저는 앞 사람보다 더 지혜롭다는 사람을 찾아가 만났지만, 역시 마찬가지라는 느낌을 받았습니다. 그곳에서 저는 그를 선택하여 많은 사람들에게 미운 털이 박혔지요.

7

그날부터 저는 잇달아 사람들을 찾아갔습니다. 이런 일로 미움을 산다는 것을 알았기에 슬프고 두려웠습니다. 하지만 저는 신의 일이 가장 중요하다고 생각했기에, 신탁의 의미를 알아내고자 그것을 알고 있을 만한 사람들은 죄다 찾아갔습니다.

아테네인 여러분, 진실을 말하기 위해 개에 맹세합니다. 신의 뜻을 알기 위해 캐묻고 다닌 결과, 저는 다음과 같이 느꼈습니다. '명성이 드높은 사람일수록 사실은 흠이 많고, 못났다고 여겨지는 사람들이 오히려

사리에 더 밝구나!'

신탁이 틀림없는 사실이라는 것을 확신하도록 저는 여러분에게 제 편력 이야기를 들려드리고 싶습니다. 그것은 헤라클레스의 12고역과도 같은 고난이었습니다. 정치가들을 만난 뒤 저는 비극 시인들과 디튀람보스 시인들, 그 밖의 다른 시인들을 찾아갔습니다. 그들보다 제가 더 무지하다는 게 곧장 드러나길 바라서였지요. 저는 그들이 공을 가장 많이 들여 지었을 작품을 골라 무슨 뜻으로 그렇게 썼는지 캐물었습니다. 뭔가 배울 것이 있으리라 여겨서 그랬지요.

여러분, 멋쩍지만 여러분에게 진실을 알려야만 합니다. 옆에 있던 사람이 작가 자신보다 그 작가의 작품을 더 잘 설명했습니다. 그래서 저는 시인들에 관해서도 곧장 깨달았습니다. '시인들은 지혜로 시를 짓는 것이 아니라 일종의 소질과 영감으로 시를 짓는구나. 그리고 이들의 영감은 예언가나 신탁을 알려주는 자들의 그것과 같구나.'

아름다운 말을 많이 하지만, 자신들이 무슨 말을 하고 있는지 알지 못한다는 점에서 시인들이나 그들이나 비슷했으니까요. 저는 또한 시인들이 자신들은 시인이어서 다른 일들에 관해서도 가장 잘 안다는 자만심을 갖고 있다는 것을 깨달았습니다. 사실은 전혀 그렇지 않은데도 말입니다. 그래서 저는 제가 정치가들보다 더 낫다고 여겼던 바로 그 면에서, 이들보다도 역시 더 낫다고 여겼습니다. 저는 그렇게 그들 곁을 떠났습니다.

8

마지막으로 저는 장인들에게 갔습니다. 저야 아는 것이 거의 없지만, 그들만은 많은 지식이, 그것도 훌륭한 지식이 있으리라고 확신했기 때문입니다. 이 점에서 제 생각은 틀리지 않았습니다. 그들은 정말로 제가 모르는 것들을 알고 있었습니다. 전문 지식에 있어서는 저보다 더 현명했지요.

하지만 아테네인 여러분, 빼어난 장인들 역시, 시인들의 잘못을 똑같이 저지르고 있는 듯했습니다. 자기 분야에서 빼어난 기술을 갖고 있다는 이유로, 나라를 운영하는 것과 같은 가장 중요한 일에서도 자기들이 가장 현명하다고 생각했습니다. 이런 잘못은 그들이 가진 현명함마저 보잘 것 없게 했습니다. 그래서 저는 신탁을 대신해 제 자신에게 물었습니다. 장인들처럼 현명하지도 않지만 그렇다고 무지하지도 않은 제 자신을 받아들일 것인지, 아니면 그들의 두 측면을 다 받아들일 것인지 말입니다. 저는 제 자신과 신탁에 응답했습니다. 지금 이대로가 내게 더 낫다.

9

아테네인 여러분, 이처럼 찾아다니며 캐물은 것 때문에 저에게는 미운털이 깊이 박혔습니다. 이로 인해 지독한 모함을 받았지요. 한편 '현자'라고 불리게 된 것도 그 때문이었습니다. 제가 다른 사람의 주장을 논박할 때, 옆에서 듣고 있던 사람들이 그 주제에 대해선 제가 잘 안다고 생각했기 때문입니다.

하지만 여러분, 신만이 참된 현자이십니다. 신은 저에 관한 신탁을 통해 인간의 지혜란 별로, 아니 전혀 가치가 없다고 말씀하시는 것 같습니다. 신은 저를 단지 하나의 본보기로 사용하셨을 따름입니다. "오, 인간들이여! 그대들 가운데 가장 지혜로운 자는 소크라테스와 같은 사람이니라." 이렇게 말씀하시기 위해서였던 것 같습니다.

이 때문에 저는 아직도 신의 뜻에 따라, 현자라고 생각되는 사람을 찾아다닙니다. 시민이든 이방인이든 가리지 않습니다. 제 눈에 그가 지혜롭지 않게 보이면, 저는 신을 도와 그가 지혜롭지 않다는 것을 보여줍니다. 이 일을 수행하느라 저는 국가를 위해서도 가정을 위해서도 짬을 내지 못해, 몹시 가난하게 살아가고 있습니다. 신을 섬기느라 말입니다.

10

게다가 시간이 남는 젊은이들, 즉 부잣집 아들들이 자진하여 저를 따라다니게 되었는데, 그들은 사람들이 캐물음 당하는 꼴을 지켜보는 것을 좋아했습니다. 때로 젊은이들은 저를 흉내내어 다른 사람들에게 캐묻곤 했지요. 그러다가 그들은, 대단한 것을 안다고 스스로 생각하는 사람들 중에 사실은 별로, 또는 전혀 아는 게 없는 사람들을 숱하게 발견하곤 했습니다. 그런데 젊은이들에게 캐물음을 당한 사람들은 그들에게 화를 내는 대신 저에게 화를 내며 말했습니다. "소크라테스라는 혐오충이 젊은이들을 타락시키고 있다."

"소크라테스가 대체 무슨 짓을 했고 뭘 가르쳤기에 젊은이들이 타락했느냐?"고 누가 묻기라도 하면, 그들은 아무 대답도 못했습니다. 제가 무엇을 하는지 알지 못하니까요. 하지만 이들은 당황하지 않은 체하려고 철학자면 누구에게나 써먹을 수 있는 비난을 늘어놓았습니다. "하늘에 있는 것과 지하에 있는 것을 탐구한다"는 둥, "신들의 존재를 믿지 않는다"는 둥, "한참 못 미친 주장을 매우 좋은 주장으로 만든다"는 둥 말입니다.

아는 척했지만 사실은 아는 게 아무것도 없다는 진실이 명백히 드러났는데도, 그것을 시인하기가 싫어서 그랬겠지요. 그들은 명성에 대한 욕망이 강하고 과격합니다. 게다가 수도 많지요. 이런 자들이 저에 대해 그럴싸한 말을 늘어놓으며 오랫동안 심한 비방으로 여러분의 귀를 채웠습니다. 이것에 힘입어서, 멜레토스와 아뉘토스, 그리고 뤼콘이 저를 공격한 것입니다. 멜레토스는 시인들을, 아뉘토스는 장인들과 정치가들을, 뤼콘은 웅변가들을 대표해 저에게 적의를 표출하고 있습니다. 제가 첫머리에서 말했듯, 이토록 오랜 시간 동안 쌓인 편견을 이 짧은 시간에 여러분에게서 없앨 수 있다면 저 자신도 놀랄 겁니다.

아테네인 여러분, 이것이 진실입니다. 크든 작든 저는 아무것도 숨기지 않았고 회피하지도 않았습니다. 이런 태도 때문에, 저에게 미운 털이 박혔다는 사실도 잘 알고 있습니다. 하지만 이것은 제 말이 옳다는 증거이기도 합니다. 또한 저에 대한 편견의 근원이 어디에 있는지를 밝히는 것이기도 합니다. 여러분께서 언제라도 조사해 보시면 제 말이 사실 그대로임을 알게 될 것입니다.

두 번째 고발에 대한 변론

11

이로써 첫 번째 고발인들이 고발해 온 것에 대해선 여러분에게 충분히 해명한 것으로 해두겠습니다. 이제, 자신이 나라를 사랑하는 선량한 사람이라고 자처하는 멜레토스와 그 일당에 맞서 저를 변호하겠습니다. 마치 이들이 첫 번째 고발인들과는 완전히 다른 고발자인 것처럼 그들의 고발 진술서를 다시 검토해 보도록 하지요. 그 내용은 대충 이렇습니다. "소크라테스는 젊은이들을 타락시키고, 나라가 인정하는 신들 대신 다른 새로운 신들을 믿음으로써 범죄를 저지르고 있다." 이것이 바로 기소 사유입니다.

이 기소 사유를 하나하나 따져보도록 하지요. 멜레토스는 제가 젊은이들을 타락시키는 범죄를 저지르고 있다고 주장합니다. 하지만 아테네인 여러분, 저는 멜레토스야말로 범죄를 저지르고 있다고 주장합니다. 그는 여태껏 관심도 없던 일들을 진지하게 걱정하는 척함으로써 사람들을 함부로 법정에 끌어들이고 있기 때문입니다. 큰 일을 놓고 희롱하고 있는 거지요. 제 말이 사실이라는 것을 여러분에게 보여드리겠습니다.

12

자, 멜레토스여! 말해보시오. 그대는 우리 젊은이들이 최대한 훌륭해지는 것에 관심이 많지요?

"그렇습니다."

자, 이번에는 여기 있는 분들께 말해주시오. 젊은이들을 훌륭하게 만드는 이는 누구지요? 그대의 관심사이니 모를 리 없을 겁니다. 그대는 젊은이들을 타락시키는 사람을 찾아냈다며 여기 이분들에게로 나를 끌고 와 고발까지 했잖소. 그러니, 이제 그대는 젊은이들을 훌륭하게 만드는 이가 누구인지 이분들께 알려드리시오.

멜레토스여! 그대는 입을 열지 않는군요. 그대가 입을 열래야 열 수 없다는 것을 알기나 하오? 이렇게 입을 봉하고 있는 것은 부끄러운 일일뿐더러, 내 주장을 뒷받침하는 증거라고 생각지 않나요? 애초에 그대는 젊은이들을 훌륭하게 만드는 일에 아무 관심도 없었다는 내 주장 말이오. 말하시오. 젊은이들을 더 훌륭하게 만드는 이는 누구지요?

"법률입니다."

오, 이보시오! 내가 묻는 것은 그게 아니오. 법률을 제대로 아는 사람이 누구냔 말이오!

"여기 이 재판관들입니다, 소크라테스!"

멜레토스여, 무슨 말을 하고 있소? 이분들이 젊은이들을 가르쳐서 더 훌륭하게 만들 수 있다는 건가요?

"그렇고 말고요."

설마 이분들 모두가 그런가요? 아니면 어떤 분은 그렇지만 다른 분은 그렇지 않은가요?

"모두요."

헤라 여신께 맹세컨대, 반가운 소식이군요. 도움을 줄 수 있는 이들이 이토록 많으니 말이오. 그러면 이건 어떻소? 여기 이 방청객들도 젊은이들을 더 훌륭하게 만드나요?

"이분들도 그렇습니다."

평의회 회원들은 어떻소?

"평의회 회원들도 마찬가지입니다."

멜레토스여, 민회에 참석하는 민회 의원들은 젊은이들을 타락시키지 않나요? 그분들도 모두 젊은이들을 훌륭하게 만드나요?

"그분들도 그렇습니다."

그렇다면, 나를 빼고는 아테네인 모두가 젊은이들을 아주 훌륭하게 만들고 있는 것 같소. 젊은이들을 타락시키는 건 나 혼자이고요. 그런 뜻인가요?

"전적으로 그런 뜻입니다."

그대 말대로라면 나는 무척이나 불운하군요. 그렇지만 대답해 주시오. 말[馬]들의 경우에도 그러하오? 모든 사람이 말들을 더 낫게 만드는데, 단 한 사람이 말들을 망친다고 그대는 생각하오? 아니면 이와는 정반대라고 생각하오? 말들을 더 낫게 만들 수 있는 사람은 단 한 사람이나 극소수의 사람들, 즉 말 전문가들뿐이고, 대부분의 사람들은 말을 이용하면서 말을 망쳐놓지 않나요? 멜레토스여, 말만이 아니라 다른 모든 동물의 경우에도 그렇지 않나요? 그대와 아뉘토스가 인정하든 안 하든 틀림없이 그럴 것이오.

젊은이들을 타락시키는 자는 단 한 사람뿐이고 다른 사람들은 모두 젊은이들을 이롭게 한다면, 우리 젊은이들에게 아주 복된 일이오. 하지만 멜레토스여, 그대는 그대가 젊은이들에게 마음을 쏟은 적이 없음을 너끈히 보여주었소. 그대가 나를 법정에 세우면서 내세웠던 그 일에 그대는 전혀 관심이 없었다는 걸 또렷이 보여주었단 말이오.

13

멜레토스여, 제우스에 맹세코 말해주시오. 선량한 시민들과 함께 사는 게 더 낫소, 아니면 못된 시민들과 사는 게 더 낫소? 이봐요, 대답하시오. 어려운 질문이 아니지 않소? 못된 자들은 늘 가까운 이웃들에게 뭔가 나쁜 영향을 끼치지만, 착한 사람들은 좋은 영향을 끼치는 게 아니겠소?

"물론이지요."

그렇다면 주변 사람들에게 도움을 받는 게 아니라 해코지당하기를 원하는 사람도 있을까요? 이봐요, 대답하시오. 법도 대답을 요구하고 있소. 자기가 해코지당하는 것을 바라는 사람이 있을까요?

"당연히 없습니다."

좋아요. 그대는 내가 젊은이들을 타락시켰다는 말로 나를 법정에 세웠소. 그러면 내가 일부러 그렇게 했다는 말이오, 아니면 본의 아니게 그렇게 했다는 말이오?

"일부러 그렇게 했다고 생각합니다."

아니, 멜레토스여! 그게 무슨 말이오? 그대는 그 젊은 나이에 나잇살깨나 먹은 나보다 더 지혜롭다는 말이오? 못된 자들은 늘 가까운 이웃들에게 뭔가 나쁜 짓을 하지만, 착한 사람들은 이웃들에게 착한 일을 한다는 것을 그대는 알고 있소. 그런데 나는 주변 사람들 가운데 누군가를 못된 놈으로 만들면 그에게 내가 해코지당할 수 있다는 것조차 모를 만큼 무지하다고 여긴단 말이오? 그래서 그대가 주장한 것처럼 일부러 그런 못된 짓을 저질렀단 말인가요, 내가?

멜레토스여, 나는 그대의 주장을 납득할 수 없소. 다른 사람 역시 납득하지 못하리라 생각하오. 내가 젊은이들을 타락시키지 않았거나, 타락시켰다 하더라도 본의 아니게 그렇게 했겠지요. 어느 쪽이건 그대는 거짓말로 사람들을 속인 것이 되오. 내가 본의 아니게 타락시켰다면, 나를 법정에 세울 것이 아니라 개인적으로 나를 붙잡고서 가르치고 훈계해야 했소. 그게 법도에 맞는 일이지요. 가르침을 받아 이해가 되면, 나는 분명 본의 아니게 저지르고 있던 짓을 그만두게 될 테니까요. 하지만 그대는 나에게 가르쳐주기를 주저하고 피했을 뿐 아니라, 나를 법정에 세우기까지 했소. 가르침이 필요한 사람이 아니라, 처벌이 필요한 사람을 법정에 세워야 하지 않겠소? 그게 법의 요구이니 말이오.

14
아테네인 여러분, 드디어 제가 말한 대로 멜레토스는 이런 일들에 많건 적건 마음을 기울인 적이 없었다는 게 밝혀졌습니다. 그렇긴 하지만 멜레토스여, 말해주시오. 내가 어떻게 젊은이들을 타락시켰다는 게요? 그대가 작성한 기소장에, 나는 이 나라가 인정한 신들 대신 다른 새로운 신들을 믿도록 가르침으로써 젊은이들을 타락시켰다고 되어 있던데, 그게 맞나요? 내가 그렇게 가르침으로써 젊은이들을 타락시켰다고 주장하나요?

"분명 그런 뜻입니다."

그렇다면 멜레토스여, 우리가 언급하고 있는 바로 그 신들에 걸고, 나와 여기 있는 분들에게 좀 더 확실하게 말해주시오. 다음 중에서 어느 것이 그대의 주장인지 헷갈려서 그런다오. 내가 어떤 신들을 믿도록 젊은이들을 가르치긴 하는데, 그 신들은 이 나라가 인정한 신들과는 다른 신들이라는 이유로 고소한 건가요? 그렇다면 나는 신들의 존재를 믿으니 무신론자가 아닌 거고, 그 점에서 나는 불법을 저지르지 않은 것이오.

아니면 그대의 말은, 나는 신들을 아예 믿지 않을 뿐만 아니라, 다른 사람들에게도 그렇게 가르쳤다고 말하는 거요?

"제 말은 그거, 선생은 신들을 아예 믿지 않는다는 뜻입니다."

보시오, 멜레토스여! 그대는 어째서 그런 말을 하는 게요? 그러니까 남들이 해와 달을 신으로 여기는데, 나는 굳이 그것들을 신으로 여기지 않는다는 말인가요?

"재판관(배심원) 여러분, 제우스에 맹세코 그는 신을 인정하지 않습니다. 그는 해를 돌이라 하고 달을 흙이라 주장하기 때문입니다."

친애하는 멜레토스여, 그대는 자신이 아낙사고라스를 고소했다고 생각하시오? 그대는 여기 이 분들을 그렇게 우습게 보는 것이오? 이분들이 클라조메나이 출신 아낙사고라스의 저술들에 그런 주장이 꽉 차 있다는 것조차 모를 정도로 어리석다고 생각한단 말이오?

그런 것들은 1드라크메만 주면 서점에서 살 수 있소. 그대는 정말로 젊은이들이 나한테 그런 것들을 배운다고 생각하오? 내가 그것들을 내 것인 양 가르치거나, 게다가 그대가 말한 것처럼 이상야릇한 내용을 가르친다면 젊은이들이 이 소크라테스를 실컷 비웃겠지요. 제우스에 맹세코, 내가 그렇게 정신 나간 사람인가요?

제우스에 맹세코, 내가 아예 신의 존재를 믿지 않습니까?

"제우스에 맹세코, 조금도 믿지 않습니다."

멜레토스여, 나는 그대의 말을 신뢰할 수 없소. 아마 그대 스스로도 신뢰하지 못할 것이오. 아테네인 여러분, 이 사람은 이렇게 경솔하고 오만방자합니다. 제게는 이 사람이 경솔함과 방자함, 그리고 젊은 혈기로 나를 고소한 것으로밖엔 보이지 않습니다. 그는 수수께끼를 내놓고 나를 떠보고 있기 때문입니다. "앞뒤가 맞지 않는 장난스런 내 말을 현자라 불리는 소크라테스가 알아차릴까? 아니면 그와 법정에 있는 사람들이 보기 좋게 속아 넘어갈까?" 하며 떠보고 있습니다.

마치 그가 기소장에서 "소크라테스는 신들을 믿지 않습니다. 그런데 신들을 믿음으로써 불법을 저질렀습니다"라고 앞뒤가 통 맞지 않는 소리를 하고 있다고 여겨지기 때문입니다. 이것은 농지거리일 뿐입니다. 여러분, 그의 말이 왜 앞뒤가 통 맞지 않게 여겨지는지 함께 살펴보도록 하지요.

15

멜레토스여, 대답하시오. 그리고 여러분들께선 제가 변론 첫머리에서 부탁했던 말을 기억해 주시기 바랍니다. 제가 평상시 말투대로 말하더라도 소란을 피우지 말아달라는 부탁 말입니다.

멜레토스여, 사람과 관련된 일은 있다고 믿으면서도 사람은 없다고 믿는, 그런 사람이 있을 수 있나요? 여러분, 그가 대답할 수 있게 제발 조용히 해주십시오. 말은 없다고 믿으면서도 말들과 관련된 일은 있다고 믿는 사람이 있을 수 있나요? 혹은 피리 연주자는 없다고 믿으면서도 피리에 관련된 일은 있다고 믿는 사람이 있을 수 있나요?

보시오! 그런 사람은 있을 수가 없소. 그대가 대답하는 걸 내켜하지 않아, 그대와 여기 있는 다른 분들을 위해 내가 대신 대답했소. 하지만 다음 물음엔 그대가 대답해야 하오.

영적인 것들은 있다고 믿으면서 영의 존재는 없다고 믿는 사람이 있을 수 있나요?

"없습니다."

여기 이분들 때문에 그대가 마지못해 대답하긴 했지만 어쨌거나 그렇게라도 해주니 고맙소. 그런데 그대는 고발장에서 내가 영적인 것을 믿으며 남들도 그것을 믿도록 가르친다고 말했소. 그것이 새로운 것이든 옛것이든 말이오. 그대의 주장에 따르면 나는 영적인 것을 믿고 있소. 그대가 고발장에서 맹세까지 한 사실이오. 내가 영적인 것을 믿는다면, 나는 필연적으로 영의 존재도 믿고 있는 것이오. 그렇지 않소? 부정할 수 없을 것이오. 그대가 대답하지 않으니, 나는 그대가 동의하는 것으로 여기겠소. 그런데 우리는 영적인 존재를 신이나 신의 자식으로 여기지 않나요? 그렇소, 그렇지 않소?

"당연히 그렇습니다."

그대가 말했듯 내가 영적인 존재를 믿고 있고, 영적인 존재가 일종의 신이라면, 그대는 내가 앞서 말한 것을 인정해야 하오. 내가 '그대는 수수께끼 같은 말로 나를 떠보고 있다'고 한 것 말이오. 처음에 그대는 내가 신들을 믿지 않는다고 말했는데, 이번에는 내가 영적인 존재를 믿으니 신들의 존재를 믿는다고 말하기 때문이오. 그리고 영적인 것들을 요정이 낳았건 전해오는 대로 다른 분이 낳았건 신들의 서자들이라면, 신들의 자식들은 있다고 믿으면서 신들은 없다고 믿는 사람이 있을 수 있나요? 이는 말과 나귀의 새끼인 노새는 있다고 믿으면서 말과 나귀는 없다고 믿는 것처럼 이상한 것이오.

멜레토스여! 그대는 우리를 떠볼 셈으로 나를 기소했거나, 그게 아니라면 나를 기소할 진짜 범죄를 찾지 못해 이런 내용의 기소를 제기했다고 볼 수밖에 없소. 한 사람이 영적인 것과 신적인 것은 믿으면서, 영의 존재도 신의 존재도 반인반신인 영웅도 믿지 않을 수 있다는 소리에 설득될 사람은 없소.

16

그러니 아테네인 여러분, 저는 멜레토스가 기소한 것과 관련해선 불법을 저지르지 않았으니 긴 변론이 필요 없다고 생각합니다. 이 정도만으로도 충분합니다. 하지만 저는 변론을 시작하면서 제가 많은 사람들에게 미운털이 깊이 박혔다고 했는데, 그 사실을 여러분이 기억하셨으면 합니다. 만약 제가 유죄 판결을 받게 된다면 그 때문일 겁니다. 그것은 멜레토스 때문도 아니고 아뉘토스 때문도 아니며, 오직 많은 사람들의 편견과 시샘 때문일 겁니다. 이것 때문에 이미 훌륭한 사람들이 유죄 판결을 받았고, 앞으로도 그럴 것입니다. 이것들이 소크라테스 때문에 없어지지 않을까 하고 염려할 필요는 없습니다.

어쩌면 다음과 같이 말하는 사람도 있을 것입니다. "오오, 소크라테스! 그대는 그대의 목숨을 위태롭게 하는 그런 일에 종사한 것이 부끄럽지도 않소?"

저는 그에게 다음과 같이 당당하게 대답할 겁니다. "이보시오! 누구든 자신의 행동이 정의로운지 불의한지, 착한 행위인지 나쁜 행위인지만 고려할 것이 아니라, 살게 될 것인지 죽게 될 것인지를 먼저 따져야 한다는 것이 그대의 생각이라면, 그대는 틀렸소. 그대 말대로라면, 트로이에서 전사한 수많은 영웅들이야말로 보잘것없는 자들일 테니까요. 테티스 여신의 아들 아킬레우스도 거기에서 벗어나지 않겠지요. 그는 치욕을 견디는 쪽이 아니라, 위험을 무릅쓰는 쪽에 섰으니 말이오. 그가 헥토르를 죽이려고 했을 때, 여신인 그의 어머니가 이렇게 말했소. "아들아, 네가 너의 벗 파트로클로스의 죽음을 갚기 위해 헥토르를 죽이면, 너도 곧 죽게 된단다."

아킬레우스는 이 말을 듣고도 죽음과 위험을 오히려 하찮게 여겼으며, 친구의 원수도 갚지 못하고 못난 겁쟁이로 살아가는 것을 훨씬 더 두려워했소. 그는 이렇게 말했소. "여기 이 함선들 옆에 살아남아 웃음거리가 되고 대지에 짐이 되느니, 그 못된 놈을 죽이고 당장이라도 죽고 싶습니다." 그대는 아킬레우스가 죽음과 위험에 마음을 썼다고 생각하시오?

17

아테네인 여러분, 진리는 이렇습니다. 자기 자신이 최선의 장소라고 여겼기 때문이든 지휘관이 특정한 곳에 머물라고 해서든, 자리를 잡은 이상 위험을 무릅쓰고서라도 자리를 지켜야 합니다. 죽음이나 그 어떤 것보다 치욕을 가장 우려해야 하기 때문입니다.

따라서 아테네인 여러분, 여러분이 저를 지휘하도록 선출하신 지휘관들이 포테이다이아와 암피폴리스와 델리온에서 저에게 자리를 정해주었을 때 저는 다른 사람들처럼 죽음을 무릅쓰며 제 자리를 지켰습니다. 그랬던 제가, 전쟁 대신 철학하는 삶을 살고 제 자신과 남들을 탐구하며 살라고 신께서 자리를 정해주셨을 때는, 죽음이나 그 밖의 다른 것이 두려워 제 자리를 뜬다면, 이보다 무서운 짓은 없을 거라는 사실을 깨달았습니다. 그랬을 경우엔 누구든 저를 법정으로 끌고 와도 정당합니다. 제가 신탁에 따르지 않으며, 죽음을 두려워하고, 신들의 존재를 믿지 않고, 지혜롭지 않은데도 스스로 지혜롭다고 생각한다는 이유로 말입니다. 죽음을 두려워하는 모습은 지혜롭지 않은데도 스스로 지혜롭다고 생각하는 것을 보여줄 뿐입니다. 모르는 것을 안다고 생각하는 것과 마찬가지이기 때문이지요. 죽음에 대해 아는 사람은 아무도 없습니다. 사실은 죽음이 인간에게 최대의 축복일 수도 있는데, 죽음이 인간에게 최대의 불행이라는 것을 마치 안다는 듯이 사람들은 죽음을 두려워합니다. 이것이야말로 모르는 것을 안다고 생각하는 무지이며, 어떤 무지보다도 비난받아 마땅한 무지가 아니겠습니까?

여러분, 저는 바로 이 점에서 대부분의 사람들과 다릅니다. 제가 다른 이들보다 더 지혜롭다고 한다면, 저는 저승에서의 삶에 관해 잘 알지 못하기에 '잘 모른다'고 생각하는 바로 그 점 때문일 겁니다. 제가 알고 있는 것은 신이든 인간이든 더 훌륭한 이를 따르지 않는 것과 불의를 저지르는 것은 나쁘고 수치스러운 짓이라는 점입니다. 따라서 저는 나쁘다는 것을 제가 확실히 알고 있는 것보다는 사실은 좋은 것일 수도 있는 것을 더 두려워하거나 회피하는 일은 결코 없을 겁니다.

아뉘토스는 제가 아예 이 법정에 세워지는 일이 없었으면 몰라도, 법정에 세워진 이상 반드시 사형에 처해야 한다고 주장했습니다. 제가 무죄방면되거나 도망이라도 치는 날엔, 여러분의 아들들이 나의 교묘한 가르침을 받아 모두 타락하게 될 거라면서 말이죠. 만약 여러분이 아뉘토스의 말을 맞받아서 "오오, 소크라테스! 우리는 아뉘토스의 말을 따르지 않고 그대를 무죄방면하겠소. 다만 조건이 있소. 그대는 그런 탐구와 철학을 하는 삶을 살지 마시오. 만약 그대가 계속 그렇게 살다가 붙잡히면, 그땐 사형을 당할 것이오"라고 하신다면, 저는 여러분께 이렇게 말씀드리리다.

아테네인 여러분! 저는 여러분을 좋아하고 사랑합니다. 하지만 여러분보다는 신에게 복종해야 합니다. 저에게 숨이 붙어 있는 한 저는 철학하며 사는 일도, 여러분에게 충고하는 일도, 만나는 사람이 누구건 간에 제가 늘 했던 대로 다음과 같이 그들을 일깨우는 일도 그만두지 않을 것입니다.

"이보시오! 당신은 가장 위대하며, 지혜롭고 강력한 아테네 시민이오. 그런데도 당신은 재물과 명예와 명성은 최대한 많이 얻으려고 안달하면서, 지혜와 진리, 그리고 당신 영혼이 최선의 상태에 이르게 하는 데에는 관심도 없고 생각조차 없소. 부끄럽지 않으시오?"

여러분 가운데 누가 제 말을 받아치며 자기는 그런 것에 관심이 많다고 주장하는 분도 있겠지요. 그러면 저는 그를 떠나보내지도, 그의 곁을 떠나지도 않은 채 그에게 꼬치꼬치 캐물으며 그를 시험해 볼 것입니다. 그가 말은 그렇게 하지만 실제로는 그런 미덕이 없다는 게 드러나면, 저는 그가 정말로 값진 것들은 하찮게 여기면서 하찮은 것들은 중시한다고 나무랄 것입니다. 저는 마주치는 사람이 젊은이건 노인이건, 외국인이건 우리 시민이건 가리지 않고 그렇게 할 겁니다. 특히 핏줄에서 더 가까운 우리 아테네 시민들에게는 더욱 그렇게 하겠지요. 그렇게 하는 게 신의 명령을 따르는 길이기 때문이란 걸 잘 알아두십시오. 그리고 신께 바치는 저의 이런 봉사보다 이 도시에 더 좋은 일이 있었던 적은 없습니다. 제가 돌아다니며 한 일은, 젊은이건 늙은이건 간에 자신의 육체와 재산이 아니라, 자신의 영혼이 최선에 이르는 것에 가장 큰 관심을 쏟아야 한다고 여러분을 설득한 게 전부니까요.

저는 또 말했습니다. "재산에서 사람의 훌륭함이 나오는 것이 아니라, 사람의 훌륭함으로 인해 재산과 그 밖의 모든 것이 좋은 것이 된다." 저의 이런 말이 젊은이들을 타락하게 했다면, 제가 해로운 말을 한 게 맞습니다. 하지만 제가 그와는 다른 말을 했다고 주장하는 사람이 있다면 그는 허튼소리를 한 것입니다. 아테네인 여러분, 이 점을 숙고한 뒤 아뉘토스의 말을 따르든 말든 하시고, 저를 무죄방면하든 말든 하십시오. 몇 번을 거듭해서 죽는다 하더라도 제 삶의 태도는 바뀌지 않을 것입니다."

18

아테네인 여러분, 부탁한 대로 너무 떠들지 말아주시기 바랍니다. 조용히 제 말에 귀기울여주십시오. 그것이 여러분에게도 이로울 겁니다.

이번에도 여러분이 고함을 지를 게 뻔히 예상되지만, 그래도 저는 여러분에게 또 다른 것을 말씀드리려 합니다. 제발 소리는 지르지 마십시오. 지금껏 말씀드린 그대로가 바로 저입니다. 그런 저를 여러분께서 죽이신다면, 그것은 저보다도 여러분 자신을 해치는 일이란 걸 알아두시기 바랍니다. 멜레토스도 아뉘토스도 저를 해칠 수 없습니다. 그건 가능한 일이 아닙니다. 한참 못 미치는 자가 그 자신보다 훨씬 훌륭한 사람에게 해를 입힌다는 것은 가당치 않기 때문입니다. 물론 죽이거나 추방하거나 시민권을 빼앗을 수 있습니다. 그를 포함해 몇몇 사람은 그렇게 되는 게 저에게 아주 나쁜 영향을 미치는 일이라고 생각하겠지요. 하지만 저는 그렇게 생각하지 않습니다. 멜레토스가 지금 하고 있는 짓, 사람을 부당하게 죽이려는 짓이 결국 그 자신에게 훨씬 더 큰 화를 가져오기 때문입니다.

아테네인 여러분, 저는 지금 제 자신을 위해 변론하는 것이 아닙니다. 여러분이 저에게 유죄 판결을 내려, 신께서 여러분에게 주신 선물에 죄를 짓지 않도록 하려는 마음에서 변론을 하고 있습니다. 저를 죽인 뒤엔 저와 같은 사람을 쉽게 찾을 수 없을 겁니다. 이 나라에 붙어있도록 신께서 배정한 사람 말입니다. 조금 우스운 비유를 들어보지요. 덩치가 크고 혈통이 좋지만, 그 큰 덩치 때문에 굼뜬 말과 영락없이 똑같은 이 나라를 따갑게 찔러줄 등에 말입니다. 그런 등에 구실을 하라고 신께서 저를 이

나라에 붙여놓았다고 저는 생각합니다. 여러분에게 온종일 달라붙어서, 한 명 한 명 깨우고 설득하고 꾸짖으라고 말입니다.

여러분, 그런 사람이 쉽게 생겨나지는 않을 겁니다. 그러니 제 말을 따르십시오. 저를 아껴야 할 존재로 여기고 남겨놓으십시오. 그러나 여러분은 선잠에서 깬 사람처럼 짜증이 나서, 생각 없이 저를 찰싹 쳐 죽이게 될 것입니다. 아뉘토스의 말에 따라서 저를 죽이는 것은 쉽겠지요. 신께서 여러분을 염려하여 또 다른 등에를 보내주시지 않는 한, 여러분은 자면서 남은 생을 보내게 될 것입니다. 제가 바로 신께서 이 나라에 내린 선물이라는 것을 여러분은 다음 사실로 미루어 알 수 있습니다. 저는 제자신의 일은 조금도 돌보지 않고, 여러 해 동안 집안 일이 방치되는 것을 참으면서까지 여러분의 일을 돌보았습니다. 즉, 여러분을 일일이 찾아다니며 아버지나 형이 그렇듯 큰 덕에 마음을 쓰라고 조언했습니다.

이것이 보통 사람이 해낼 수 있는 일이라고 생각하나요? 그 일을 하면서 제가 이익을 보았거나 보수라도 받고 조언을 했다면, 그건 설명이 되겠지요. 하지만 저를 고소한 자들도 제가 보수를 받았다거나 요구했다는 것을 보여주지는 않았습니다. 저에게 온갖 죄를 다 덮어씌울 정도로 뻔뻔한 자들인데도 말입니다. 저는 제 말이 진실이라는 것을 내보일 수 있습니다. 바로, 제가 가난하다는 사실이 그것입니다.

19

그런데 제가 돌아다니며 조언하고 간섭하면서도, 대중집회장 연단에 서서 공적으로 이 나라를 위해 조언하지 않는 게 여러분은 이상하다 싶을 겁니다. 제가 여러 곳에서 여러 차례 말했듯이, 신적이고 영적인 것이 제게 나타나 그것을 막았기 때문입니다. 멜레토스가 기소장에서 희화화한 바 있는 그 영적인 것의 나타남 말입니다. 이것은 제 소싯적부터 시작됐으며, 목소리로 제게 다가옵니다. 그 소리는 제가 하려던 일을 하지 말라고 할 때만 들려왔고, 해보라는 소리를 한 적은 없습니다. 제가 정치에 참여하는 것도 이 소리가 막았지요. 막기를 잘했다고 생각합니다. 아테네인 여러분, 만약 제가 한참 전에 정계에 뛰어들었다면 저는 이미 죽었을 것이며, 여러분에게도 제 자신에게도 아무 도움이 되지 못했을 거라는 사실을 여러분은 잘 아실 겁니다.

여러분에게 진실을 말한다고 화내지 마십시오. 나라 안에서 일어나는 수많은 부정과 불법을 막으려고 여러분이나 다른 군중에게 맞서는 사람은, 그가 누구든 살아남지 못했을 겁니다. 올바른 것을 위해 진정으로 싸우는 사람이 짧은 시간 동안만이라도 살아남기 위해선, 반드시 공인이 아니라 사사로운 개인, 즉 사인으로 살아가야 합니다.

20

이에 대한 확실한 증거가 있습니다. 말이 아니라, 여러분이 존중하는 실행 사례를 들겠습니다. 저에게 실제로 일어났던 일을 말할 테니 들어보십시오. 저라는 사람은, 올바르지 않은데도 죽음이 두려워 굽히는 일은 결코 없으며, 설사 당장 죽임을 당하더라도 그러지 않을 거라는 점을 여러분이 알도록 말입니다. 제가 말하려는 일화는 법정에서 흔히 있는 일입니다만, 어쨌든 모두 사실입니다.

아테네인 여러분, 저는 이 나라의 공직을 맡은 적이 일절 없지만, 딱한 번 협의회 의원이었던 적이 있습니다. 해전을 치른 뒤, 물에서 허우적대는 살아있는 병사들을 구출하지 않은 채 철수한 10명의 장군을 재판한 때의 일입니다. 여러분은 장군 10명을 집단으로 재판에 회부하기로 결의했습니다. 그때 마침 제가 속한 안티오키스 부족이 회의를 주재하게 되었습니다. 하지만 집단 재판은 나중에 여러분 모두 인정했듯이 불법이었습니다. 집행위원 중 유일하게 저만 여러분의 불법에 반대표를 던졌지요. 그러자 대중 연설가(정치가)들은 저를 고발하고 체포하고자 했고, 여러분도 그렇게 하라고 고함을 질러댔습니다. 하지만 저는 구금이나 죽음이 두려워 여러분의 불법적인 결정에 표를 던지느니, 어떤 위험이라도 감수하며 법과 정의의 편에 서야 한다고 생각했습니다. 이것은 우리나라가 민주정치 체제였던 때의 일입니다.

이제 과두 정체 시기에 있었던 일을 말씀드리겠습니다. 30인 참주가 저를 포함한 다섯 사람을 그들의 업무실로 출두케 했습니다. 그곳에 갔더니, 살라미스 사람인 레온을 처형하기 위해 살라미스에서 그를 연행해 오라고 했습니다. 그들은 다른 사람들에게도 그런 명령을 자주 내렸지요. 그들의 범죄에 최대한 많은 사람들이 얽히게 하기 위해서였죠. 그때도 저는 말과 행동으로 보여주었습니다. 제 관심사는 죽음 따위가 아니라, '옳지 않은 일이나 불경한 짓을 하지 않는 것'이라는 점 말입니다. 그 정권은 강력하긴 했지만, 옳지 않은 짓을 하도록 저를 겁주는 데는 실패했습니다. 그 건물에서 나온 뒤 다른 네 사람은 살라미스로 가서 레온을 연행해 왔지만, 저는 곧장 집으로 와버렸지요. 그 정권이 금새 무너지지 않았다면, 저는 그 일 때문에 죽임을 당했을 겁니다. 이 사건에 관해 증인으로 세울 사람은 많습니다.

21

제가 만약 공적인 일을 하며 살면서도, 선한 사람답게 정의 편에 서는 것을 가장 중시했다면, 제가 과연 지금까지 살아남을 수 있었을까요? 어림 없는 일이지요. 어느 누구도 살아남지 못했을 겁니다. 저는 공적인 일에서건 사적인 일에서건 늘 한결같은 사람이었습니다. 지금껏 저는 어느 누구에게도 정의에 반하는 행위를 인정해 준 적이 없습니다. 저의 제자라고 일컫는, 저를 모함하는 사람들을 포함해서 말입니다. 사실 저는 누구의 선생이었던 적이 없습니다. 물론 저는 사명을 수행하느라, 제가 사람들과 묻고 대답하는 것을 듣고 싶어 하는 사람이 있으면 젊은이든 늙은이든 물리치지 않았습니다. 하지만 보수를 주면 대화를 해주고, 보수를 주지 않으면 입을 닫는 짓은 하지 않았습니다. 부자건 가난뱅이건 저에게 질문하면 똑같이 응했고, 제 말을 듣고 싶어 하는 사람 누구에게나 기꺼이 이야기를 들려주었을 따름입니다. 그렇기 때문에, 이들 가운데 누가 선량한 사람이 되건 말건 그것을 제 책임으로 돌리는 것은 옳지 않습니다. 그것이 무엇이건 저는 누구에게도 가르쳐주겠다고 약속한 적이 없고, 가르친 적도 없기 때문입니다.

만약 누가 아무도 배우거나 들은 적이 없는 것을 저에게서 개인적으로 배우거나 들었다고 주장한다면, 그의 말은 진실이 아닙니다. 이 점을 분명히 알아주시기 바랍니다.

22

그런데 사람들은 저와 시간을 보내는 것을 왜 즐거워할까요? 아테네인 여러분! 여러분은 이미 그 까닭을 들었습니다. 저는 여러분께 모든 진실을 말했으니까요. 사람들은, 지혜롭다고 여겨지지만 사실은 그렇지 않은 자들이 캐물음당하는 것을 재밌어했습니다. 이는 유쾌해 할 만하지요. 하지만 제가 그런 행동을 한 이유는, 이미 말했듯 신의 사명을 수행한 것이었습니다. 신탁이나 꿈 등 신의 섭리가 인간에게 내려지는 모든 방식을 통해 받은 사명 말입니다.

아테네인 여러분! 이는 진실이며, 쉽게 규명할 수 있습니다. 제가 젊은 이들을 타락시켰고 지금도 여전히 그러고 있다면, 그들 중엔 이제 나이가 들어서 제가 그들에게 해를 가했음을 깨달아 저를 고발하고 복수하려는 마음이 생겨난 자도 있을 겁니다. 그들 스스로가 원하지 않으면 그들의 아버지, 형제 혹은 친척들이 그들의 가족이 당한 일을 기억하고 복수하겠지요. 그들 중 많은 이가 여기 와 있는 게 보입니다. 먼저 크리톤은 저와 동갑이며 같은 지역 출신이고, 저기 있는 크리토불로스의 아버지입니다. 뤼사니아스는 스페토스 출신이고 아이스키네스의 아버지입니다. 안티폰은 케피시아 출신으로 에피게네스의 아버지입니다. 저와 친밀한 이들의 형제들도 와 있습니다. 테오조티데스의 아들이자 테오도토스의 형인 니코스트라토스가 와 있군요. 테오도토스는 죽었으므로 형에게 간청할 수도 없었을 겁니다. 또 데모도코스의 아들이며 테아게스와 형제인 파랄리오스도 보이고, 저기 있는 플라톤의 형이자 아리스톤의 아들인 아데이만토스, 아폴로도로스와 형제간인 아이안토도로스도

와 있군요. 이 밖에도 많은 이름을 댈 수 있습니다. 멜레토스는 이들 중에서 누구라도 증인으로 세웠어야 합니다. 그가 깜빡했다면 지금이라도 세우게 하십시오. 그가 이들 중에서 증인을 새로 세울 수 있다면 부르게 하십시오. 제가 변론하는 시간이지만 양보하겠습니다.

하지만 여러분! 여러분은 이들 모두가 저를 도우려고 하는 것을 목격할 겁니다. 멜레토스와 아니토스의 주장에 따르면, 이들의 가족을 제가 타락시켰고 해롭게 했다고 여겨지는 사람들이 말입니다. 타락한 당사자들이야 그럴 수 있지만, 이미 나이가 들고 타락하지도 않은 친척들까지 저를 도우려는 것은 어째서일까요? 올바르고 정당한 이유 때문이겠지요. 멜레토스가 거짓말을 하고 있고, 제가 진실을 말하고 있다는 것을 알고 있기 때문이 아니면 무엇 때문이겠습니까?

23

자, 여러분! 저의 변론은 이와 같습니다. 여러분 중 누군가는 자신이 전에 했던 변론 방식을 떠올리며 저의 변론 방식을 못마땅해할 수도 있을 겁니다. 그 자신은 이보다 가벼운 재판이었는데도 동정심을 얻기 위해 자식들과 친척, 친구들을 재판정에 데리고 와 눈물을 쏟으며 사정했는데, 저는 이처럼 위급한 상황에서도 그런 식으로 하지 않는다는 생각에 말입니다. 그래서 화가 난 나머지 제게 더 가혹하고 불리한 투표를 할 수도 있을 겁니다. 그런 분이 여러분 중엔 없으리라 생각하지만 그런 심정인 분이 있다면, 그 분께는 이렇게 말씀드리는 것이 적절할 듯합니다. 보십시오! 호메로스의 시구처럼 저도 '참나무나 바위'가 아닌 인간들 사이에서 태어났기 때문에, 제게도 친척이 있고 아들도 셋이나 있습니다. 한 명은 청년이고 둘은 어린아이입니다. 그러나 아테네인 여러분! 이들 중 누구도 여기로 데려와 저를 무죄방면하도록 투표해 달라고 애원하게 하진 않을 겁니다.

제가 이렇게 하는 까닭은 뭘까요? 아테네인 여러분! 그것은 제 고집 때문도, 여러분을 무시해서도 아닙니다. 제가 죽음을 두려워하는지 아닌지도 이와는 관계가 없습니다. 그것은 저와 여러분, 그리고 이 나라의 명예를 무너뜨리지 않기 위해서입니다. 나잇살이나 먹었으며, 참이든 아니든 남과는 다르다는 명성을 얻고 있는 제가, 자식들을 데려와 울며 불며 호소하는 것은 아름답지 않다고 생각하기 때문입니다. 여러분 중 지혜나 용기, 혹은 그 외의 덕에서 남다르다고 여겨지는 사람들이 그런 짓을 한다면 그것은 부끄러운 일입니다. 그런데 평소에 남다르다고 여겨지던 사람들이 재판을 받을 때는 몹시 수치스러운 짓을 태연히 하는 모습을 저는 자주 보았습니다. 사형에 처해지면 끔찍한 일이 일어나지만, 그렇지 않으면 영원히라도 살 것처럼 말입니다. 그들은 이 나라에 불명예를 안겨줄 겁니다. 외국인들은 아테네인 가운데 덕이 남달라 관직과 명예를 획득한 자들도 여인네들과 다를 바 없다고 여길 겁니다.

아테네인 여러분! 여러분 가운데 명성을 얻은 사람이 그런 짓을 해서도 안 되겠지만, 우리 역시 그런 짓을 용납해서도 안 됩니다. 여러분은 동정을 사기 위해 연극하며 나라를 웃음거리로 만드는 자에게 유죄 판결을 내리겠다는 태도를 분명히 해야 합니다.

24

그러나 여러분! 명성의 문제는 제쳐놓더라도, 재판관에게 빈다는 것도, 또 그렇게 함으로써 무죄방면되는 것도 옳지 않습니다. 오히려 재판관을 설득하거나 가르치는 게 옳은 방식이지요. 재판관은 정의를 판결하는 사람이지 선심을 쓰는 사람이 아닙니다. 그는 마음에 드는 자라고 해서 호의를 베풀지 않으며, 오직 법에 따라 재판할 것을 서약했습니다. 따라서 소송 당사자는 재판관이 거짓으로 서약하는 버릇을 들이게 해서도 안 되지만, 재판관 여러분 자신도 그런 버릇을 들여서는 안 됩니다. 둘 다 신께는 불경이니까요.

그러니 아테네인 여러분! 저에게 아름답지도, 옳지도, 경건하지도 않은 방법으로 여러분을 대하라고 요구하지 마십시오. 특히 멜레토스가 저를 불경죄로 기소한 이 재판에서는 더욱 안 되는 일이지요. 만약 제가 설득만이 아니라, 애원을 함으로써 여러분에게 재판관으로서의 서약을 어기도록 강요한다면, 제 변론은 제가 여러분에게 신의 존재를 믿지 말라고 가르치는 것이 되고, 또 제 스스로는 신을 믿지 않는 것이 되기 때문이지요. 이는 제 스스로 저 자신을 고발하는 꼴이 되는 겁니다. 하지만 이는 사실이 아닙니다. 아테네인 여러분! 저는 저를 고발한 사람 중 그 누구보다도 더 신을 믿습니다. 그러므로 저와 여러분에게 최선의 결과가 나오도록 여러분과 신께 이 판결을 맡깁니다.

25

아테네인 여러분, 여러분이 제게 유죄를 선언한 이번 판결에 저는 그다지 마음이 상하지 않았습니다. 유죄 판결을 예상했기 때문이지요. 오히려 저는 유죄와 무죄—각각의 득표수에 놀랐습니다. 저는 이렇게 표차가 적으리라곤 전혀 예상치 못했으니까요. 차이가 훨씬 많이 나리라고 생각했거든요. 서른 표만 반대쪽으로 옮겨갔다면 저는 무죄방면되었겠지요. 아니, 지금도 저는 멜레토스에게서 만큼은 무죄방면되었다고 생각합니다. 만약 아뉘토스와 뤼콘이 그와 함께 저를 기소하지 않았다면, 멜레토스는 투표수의 5분의 1을 획득하지 못해 저를 무죄방면하는 데 그치지 않고, 1천 드라크메의 벌금까지 물어야 했을 겁니다. 누가 보더라도 이 점은 명백합니다.

26

어쨌든, 저 사람은 저의 범죄 형량으로 사형을 제안했습니다. 좋습니다. 아테네인 여러분, 저는 그러면 어떤 형벌을 제안해야 할까요? 제가 받아 마땅한 것이어야겠지요? 그게 뭘까요? 사형이나 추방 중 어떤 형벌을 받아야 하나요? 아니면 얼마의 벌금을 내야 할까요?

저는 결코 게을리 살지 않았습니다. 그렇다고 사람들 대부분이 관심을 갖는 돈벌이나 가정 꾸리기에도, 군인이나 민중 연설가 또는 그 밖의 다른 공직자로 출세하는 일에도, 그리고 정치적 결사結社나 이 나라에서 벌어지는 당파싸움에도 저는 관심을 두지 않았습니다. 이런 일에 끼어들고서도 살아남기에는 제 자신이 너무 올곧다고 생각했습니다. 제가 그런 일에 기웃대봤자, 여러분에게도 제 자신에게도 도움이 되지 못할 거라고 생각했습니다. 그래서 저는 최대의 봉사라고 여기는 것, 즉 여러분 각자를 가장 잘 되게 하는 일에 뛰어들어야겠다고 마음먹었습니다. 저는 여러분을 찾아가, 훌륭하고 지혜로워지도록 하는 일에 마음을 쓰기 전에는 자신의 소유물에 마음을 두지 말아야 한다고 일일이 설득했습니다. 또한 나라 자체에 대해 충분히 관심을 가진 뒤, 나랏일을 맡으라고 설득했습니다. 이런 일을 한 제가 대체 어떤 형벌을 받아야 마땅할까요?

아테네인 여러분, 제가 참으로 받아 마땅한 것을 제안해야 한다면, 그것은 좋은 것이어야 합니다. 그것도 제 행동에 합당한 것이어야 합니다. 여러분께 충고할 수 있도록 여가가 필요한 가난한 은인에게는 무엇이 합당할까요? 아테네인 여러분! 영빈관에서 식사를 대접하는 것만큼 그에게 합당한 것은 없습니다. 말 두 마리, 또는 말 네 마리가 마차를 끄는 올림피아 경주에서 우승한 자에게 제공하는 것보다 저에게 그렇게 하는 것이 훨씬 더 적절합니다. 그는 여러분이 행복해 보이게 하지만 저는 여러분을 실제로 행복하게 만들어주기 때문이고, 또 그는 먹을 게 넉넉하지만 저는 가난하기 때문입니다. 따라서 제가 저에게 맞는 형량을 제안한다면, 영빈관에서의 식사를 제안합니다.

27

앞에서 제가 동정과 애원에 대해 말했을 때처럼 이런 제가 너무 고집스럽다고 여기실지 모르겠습니다. 그러나 아테네인 여러분, 그렇지 않습니다. 저는 누구에게도 고의로 해를 가한 적이 없다고 확신합니다. 변론한 시간이 너무 짧았기에 여러분을 납득시키지 못했을 뿐입니다. 다른 나라들처럼 사형을 논하는 재판은 하루가 아닌 며칠간 진행된다는 법이 있었다면, 저는 여러분을 설득해 냈을 겁니다. 이토록 짧은 시간에 깊은 편견을 제거하기는 쉽지 않습니다.

저는 누구에게도 죄를 짓지 않았다고 확신합니다. 제가 형벌을 받아야 한다는 사실을 인정할 수 없습니다. 그래서 거기에 상응하는 형량을 제안할 수 없습니다. 형량을 제안해야 할 이유가 없잖습니까? 멜레토스가 제안한 '죽음'을 제안할까요? 저는 그것이 좋은지 나쁜지도 모릅니다. 나쁘다는 걸 확실히 아는 것 중에 골라 제의해야 합니까? 옥살이를 제안해야 하나요? 왜 제가 옥살이를 해야 하죠? 매년 임명되는 11인 위원회에 굴종하면서 말입니다. 아니면 벌금형을 제안해서 벌금을 청산할 때까지 감옥에 갇혀 있을까요? 제겐 벌금을 물 돈이 없으므로 금고형이나 벌금형이나 마찬가집니다. 아니면 추방형을 제의할까요? 아마도 그런 제의라면 여러분이 받아들일 것 같으니 말입니다.

아테네인 여러분, 그렇게 하면 저는 제 목숨에 필사적으로 매달리는 사람이 되겠지요. 하지만 여러분은 제가 여러분과 캐묻기를 하며 시간을 보내는 것을 너무도 무거운 짐짝처럼 여겨졌고 지긋지긋할 정도로 넌덜머리가 났을 겁니다. 그리고 저는 여러분이 거기에서 벗어나는 길을 찾으려 했다는 것도 모를 만큼 어리석지는 않습니다. 저와 같은 시민인 여러분도 그런데, 다른 나라 사람들이 저의 캐물음을 쉽게 견뎌낼 수 있을까요? 어림없는 소리지요.

이 나이 먹어가지고, 이 나라든 저 나라든 가는 곳마다 추방되어 떠돌며 남은 생을 보내는 게 참 멋지기도 하겠군요! 제가 어디로 가든 젊은이들은 제 말을 좇아 몰려들 것입니다. 이곳에서처럼 말입니다. 만약 제가 젊은이들을 물리치면 젊은이들은 어른들을 설득하여 저를 쫓아낼 것이고, 제가 젊은이들을 물리치지 않으면 젊은이들을 위해 그들의 아버지와 친척들이 저를 내쫓겠지요.

28
누군가는 말하겠지요. "소크라테스여, 우리 곁을 떠나 조용히 침묵 속에서 살아간다면, 추방된 곳에서 살아갈 수 있지 않겠소?" 이 점에 대해 여러분을 납득시키는 것이야말로 정말 힘든 일입니다. "그것은 신에 대한 불복종입니다. 그래서 저는 조용히 살아갈 수 없습니다." 제가 이렇게 말한다면, 여러분은 제가 핑계를 댄다며 제 말을 믿지 않을 것이기 때문입니다. 더욱이, 제가 사람에게 가장 좋은 것을 들먹이면 여러분은 제 말을 더욱 믿지 않을 겁니다. 사람에게 가장 좋은 것은 '사람으로서의 훌륭함'에 관해서 대화하는 것이고, 또 대화를 통해 저 자신과 다른 사람들에게 캐묻곤 했던 주제들에 관해 날마다 이야기를 나누는 것입니다. 그러니 '캐묻지 않는 삶은 살 가치가 없다'라고 말한다면, 여러분께서는 납득하시겠습니까?

여러분, '진실'은 제가 주장하는 대로입니다. 하지만 여러분을 납득시키기는 쉽지 않군요. 게다가 저는 제가 벌 받아 마땅하다고 생각하는 데 익숙하지도 않습니다. 만약 저에게 돈이 있다면, 물어야 할 정도의 벌금형을 제안했을 겁니다. 그래봤자 저에겐 조금도 해로울 게 없을 테니까요. 하지만 저에겐 돈이 없습니다. 여러분이 제가 물 수 있는 만큼의 벌금을 제안하지 않는다면 말입니다. 아마도 은화 1므나쯤은 물 수 있겠지요. 그래서 이 금액의 벌금형을 제안합니다.

하지만, 아테네인 여러분! 여기 있는 플라톤, 크리톤, 크리토불로스, 아폴로도로스가 자기들이 보증할 테니 은화 30므나의 벌금형을 제안하라고 하는군요. 그래서 저는 그만큼의 벌금형을 제안합니다. 이들이 믿을 만한 보증인이 되어줄 것입니다.

소크라테스, 사형을 선고받다

29

오오, 아테네인 여러분! 여러분은 얼마 되지도 않는 시간을 벌려다가, 이 나라를 헐뜯고 싶은 자들에게서 현자 소크라테스를 죽였다는 악명과 비난을 듣게 될 겁니다. 저는 현자가 아니지만 여러분을 헐뜯고 싶은 자들은 어쨌든 저를 현자라고 할 테니까요. 조금만 참고 기다렸다면 여러분이 원하던 일이 자연스럽게 일어났을 겁니다. 보다시피, 저는 이미 늙어서 죽음에 거의 다다랐기 때문이지요. 저는 여러분 모두에게 이 말을 하는 것이 아니라, 사형 언도에 투표한 사람들에게만 하는 것입니다. 그분들께 한 마디만 더 해야겠네요. 여러분! 여러분은 제가 설득할 말이 부족해서 유죄 판결을 받았다고 생각하겠지요. 제가 무죄방면 되기 위해 온갖 행동과 말을 했다고 생각하고서 말입니다. 하지만 그렇지 않습니다. 제가 유죄 판결을 받은 것은 말이 부족해서가 아닙니다. 충분히 뻔뻔스럽거나 낯짝이 두껍지 못했기 때문이며, 여러분이 저에게서 듣고 싶었던 말을 하는 것을 거절했기 때문입니다. 여러분은 저에게는 어울리지 않는 짓, 즉 제가 울며불며 애원하기를 바랐겠지요. 다른 이들이 워낙 많이 해서 여러분에게는 당연시되는 짓 말입니다.

저는 변론할 때 위험에 처하더라도 자유인답지 못한 짓을 해서는 안 된다고 생각했습니다. 그렇기에 지금도 저의 선택을 후회하지 않습니다. 자유인답지 못한 변론을 하고서 사느니, 자유인답게 변론하다가 죽는 편이 저에게는 훨씬 더 낫기 때문입니다. 법정에서든 전쟁터에서든, 죽지 않으려고 아무 짓이나 해서는 안 되기 때문입니다. 전쟁터에서 스스로 무장 해제를 하고서, 적군에게 목숨을 구걸해 죽음을 피하는 경우가 더러 있기에 하는 말입니다. 죽음을 피하기 위해선 무슨 짓거리든 무슨 말이든 해도 된다고 생각한다면, 어떤 위험에 처하더라도 살 방법은 많습니다.

하지만 여러분! 죽음을 피하는 게 어려운 것이 아니라, 야비함을 피하는 것이 더 어렵습니다. 야비함이 죽음보다 훨씬 더 빠르기 때문이지요. 저는 굼뜨고 늙어서 느린 것—죽음에 붙잡혔지만, 저를 기소한 사람들은 영리하고 잽싸서 빠른 것—야비함에 붙잡혔습니다. 지금 저는 여러분에게서 죽음을 선고받고 떠나지만, 저들은 이미 진리에 의해 사악하고 불의한 자라는 판결을 받았습니다. 저는 제게 내려진 판결을 받아들이고, 저들은 저들에게 내려진 판결을 받아들여야겠지요. 저에게 일어난 이 일은 이렇게 되게끔 되어 있었나 봅니다. 잘된 일이라고 생각합니다.

30

저에게 유죄 판결을 내린 여러분들께 예언하겠습니다. 제가 사람들이 예언을 가장 잘하게 된다는 죽음에 가까이 왔으니 말입니다. 저를 사형에 처한 여러분은 제가 죽은 후 얼마 되지도 않아, 제가 받았던 형벌보다 훨씬 가혹한 벌을 받게 될 것입니다. 여러분은 자신의 삶이 캐물어지는 것에서 벗어나고자 이 일을 저질렀겠지만, 결과는 여러분의 뜻과는 반대로 더 많은 사람이 여러분을 캐물을 겁니다. 여러분은 잘 몰랐겠지만,

지금까지는 제가 그들을 말렸었지요. 이들은 젊기에 여러분을 더욱 가혹하게 대할 것이고, 여러분은 더욱 짜증나게 될 것입니다. 사람을 죽임으로써 누군가 여러분의 나쁜 삶의 방식을 비판하는 것을 막을 수 있다고 생각한다면, 그것은 큰 착각입니다. 그것은 가능하지도 아름답지도 않습니다. 비판에서 해방되는 가장 아름답고도 쉬운 방법은 타인을 억압하는 것이 아니라, 자기 자신을 훌륭하게 만드는 것입니다. 이것이 사형을 선고한 여러분에게 남기고 떠나는 제 마지막 말입니다.

31

그렇지만 무죄 판결을 내린 분들과는 제게 일어난 이 일에 대해 기쁜 마음으로 말을 좀 더 나누고 싶습니다. 담당관들이 제가 죽을 곳으로 저를 데려가려고 바삐 업무를 처리하는 동안, 그 짧은 시간만이라도 말입니다. 여러분! 잠시 제 곁에 머물러 주십시오. 정해진 시간까지는 우리의 대화를 방해할 것이 없으니까요. 여러분은 제 친구이므로 지금 제게 일어난 일의 의미를 밝혀드리고 싶습니다. 재판관 여러분! 여러분이야말로 재판관이라 불려 마땅합니다. 제게 놀라운 일이 일어났습니다.

　전에는 제가 옳지 않은 일을 하려 하면, 그것이 아무리 사소한 일이더라도 제게 친숙한 영적인 소리가 나타나 반대하곤 했습니다. 지금 저에게는 대부분의 사람들이 보기에 최악이라고 여겨지는 일이 닥쳤습니다. 그러나 그 영적인 소리는 아침에 제가 집을 나섰을 때도, 법정으로 올라올 때도, 변론을 하는 중에도 제게 반대하지 않았습니다. 다른 날 토론 중에는 제 말을 여러 번 제지하곤 했지만, 이번에는 제가 무슨 행동이나 말을 해도 반대하지 않았습니다.

　이유가 무엇이라 여기느냐고요? 말씀드리죠. 제게 좋은 일이 일어났기 때문일 겁니다. 우리 중 죽음을 나쁘다고만 생각하는 분들은 아마도 틀린 것 같습니다. 제게는 강력한 증거가 있습니다. 제가 하려는 일이 좋지 않았다면, 그 익숙한 소리가 반대했을 테니까요.

32

죽음이 좋은 것일 수도 있는 가능성을 생각해 봅시다. 죽음은 둘 중 하나입니다. 죽은 자의 감각이 사라지는 소멸이거나, 사람들 말처럼 이승에서 저승으로 가는 변화겠죠. 그런데 죽음이 감각이 없는 상태이지만, 꿈조차 없는 수면상태와 같은 것이라면 죽음은 큰 이익일 겁니다. 그런 잠을 잤던 밤과 다른 날들을 비교했을 때, 그 밤보다 더 잘 산 날과 더 즐거웠던 날이 평생에 얼마나 되는지 숙고해 보신다면, 그런 날은 많지 않을 것입니다. 일반인뿐 아니라 대왕조차 그럴 겁니다. 죽음이 그런 것이라면 저는 죽음을 이익이라 말하겠습니다. 영원도 하룻밤보다 길지 않을 테니까요.

　만약 죽음이 이승에서 저승으로 가는 것이고, 흔히 사람들이 말하듯 한참 전에 죽은 자들까지 모두 그곳에 있다고 가정해 봅시다. 재판관 여러분, 이보다 더 좋은 게 있을까요? 스스로 재판관이라 주장하는 여기 이 사람들로부터 벗어나 저승(하데스)으로 가서 진정한 재판관들을 만나는데도, 이 떠남이 하찮을까요? 그곳에서 재판을 한다는 미노스, 라다만티스, 아이아코스, 트립톨레모스, 그리고 정의롭게 산 반신반인을 만날 수 있는데도 그렇습니까? 거기에 오르페우스, 무사이오스, 헤시오도스, 그리고 호메로스를 만날 수 있다면, 얼마를 내야 할까요? 참으로 만날 수만 있다면 저는 몇 번이고 죽을 겁니다. 그곳에서의 시간(삶)은 저에겐 엄청 놀라운 일일 테니까요. 팔라메데스, 텔라몬의 아들 아이아스, 그리고 그 외에 부정한 판결로 죽은 사람들을 만나 제가 겪은 일과 그들의 일을 비교해 보며 지내는 것은 즐거울 테니까요.

하지만 가장 중요한 것은 그곳 사람들 중 참으로 지혜로운 사람은 누구고, 지혜롭지도 않으면서 자신이 지혜롭다고 생각하는 사람은 누구인지를 가려내기 위해 캐묻고 돌아다니며 살 수 있다는 겁니다. 재판관 여러분! 트로이로 대군을 이끈 오디세우스나 시시포스, 또는 그 외 이름난 수많은 남녀를 캐물으며 지낼 수 있다면 그 대가로 얼마인들 못 내겠습니까? 그들과 대화하며 캐묻는 것은 큰 행복일 테니까요. 거기서는 그렇게 한다고 하여 사람을 죽이지는 않을 게 확실합니다. 전해 내려오는 말이 사실이라면, 그곳 사람들은 이곳 사람들보다 여러 가지 면에서 훨씬 행복하지만, 특히 그들은 영원히 죽지 않는다는 점입니다.

33

재판관 여러분, 여러분도 죽음을 흔쾌히 맞아야 합니다. 착한 사람에게는 살아서나 죽어서나 나쁜 일은 결코 일어날 수 없으며, 이런 사람의 일을 신들은 소홀히 다루지 않는다는 점, 이것만은 진리라고 명심해야 합니다. 지금 저에게 닥친 일이 절로 생겨난 것은 아닙니다만, 죽어서 이 골칫거리로부터 벗어날 수 있게 되었으니 저에게는 더 잘된 일이지요.

이 때문에 그 영적인 소리가 저를 말리지 않았을 겁니다. 저 역시 저에게 유죄 투표한 이들과 저를 기소한 사람들에게 전혀 화가 나지 않습니다. 물론 저들이 그렇게 한 것은 저를 골칫거리로부터 벗어나게 하려는 의도에서 그런 것은 아닙니다. 저를 해코지하려고 했지요. 이 점에서 그들은 비난받아야 마땅합니다.

하지만 저는 그들에게 한 가지 부탁하려 합니다. 제 자식들이 다 자랐을 때, '사람으로서의 훌륭함'보다 돈이나 그 밖의 것에 마음이 쏠려있다 싶으면, 제가 여러분을 괴롭힌 것과 똑같은 방법으로 제 자식들을 괴롭혀 복수하기를 바랍니다. 또한 제 자식들이 아무것도 아니면서 뭐나 되는 듯이 까불면, 제가 여러분을 나무랐던 것과 똑같이 제 자식들에게도 나무람하시기 바랍니다. 마음을 모아야 할 것엔 마음을 모으지 않고, 아무짝에도 쓸모없는 인간이면서도 뭐나 된 듯이 우쭐해한다면 말입니다. 이렇게 해주실 때, 저도 그렇고 제 자식들도 역시 올바른 대접을 받게 되는 것입니다.

이제 떠날 시간입니다. 제 앞에는 죽음으로의 길이, 여러분 앞에는 삶으로의 길이 놓여 있습니다. 어느 길이 더 나은지는 오직 신만이 아십니다.

독서토론을 위한 질문 12

① 신이 있다고 생각하나요, 없다고 생각하나요? 있다고 생각한다면, 또 없다고 생각한다면 그 이유는 무엇인가요? 소크라테스는 신을 믿었나요?(112~114쪽 참조)

② 어떤 것이 청년들을 훌륭하게 하고, 어떤 것이 청년들을 타락하게 만든다고 생각하나요? 소크라테스가 젊은이들을 타락시키지 않았다는 증거는 무엇인가요?(162~164쪽)

③ 억울한 누명을 쓰고 사형당한 사람들에 대해 어떻게 생각하나요? 그런 일이 생기지 않도록 하기 위해서는 어떻게 해야 할까요?

소크라테스가 유죄 판결을 받게 된 이유는 무엇인가요?(35~38, 45, 119~120쪽)

④ 진정한 스승이란 어떤 사람이라고 생각하나요? 여러분에게는 그런 스승이 있나요? 소크라테스가 진실로 정의를 가르친 사람이라는 증거는 무엇인가요?(142~144, 157~158쪽)

⑤ 재판관은 무엇을 위해 존재하는 사람일까요? 소크라테스는 재판관이 어떤 사람이라고 했나요?(169~170, 198~200쪽)

⑥ 돈보다 중요한 것에는 무엇이 있을까요? 소크라테스가 아테네인들을 캐묻고 다녔던 이유는 무엇인가요?(177, 182쪽)

⑦ '지혜로운 사람'이란 어떤 사람일까요? 지식이 많은 사람과 지혜로운 사람의 차이는 무엇인가요?(62~63, 83, 125~127쪽)

⑧ 여러분은 죽은 후에 어떻게 될 거라고 생각하나요? 소크라테스는 죽음을 어떻게 정의하고 있나요?(193~194, 202~205쪽)

⑨ 여러분은 다른 사람에게 비판을 받지 않기 위해 어떻게 하나요? 진정으로 비판에서 해방되는 방법은 무엇일까요?(193~194쪽)

⑩ 좋은 부모님은 어떤 부모님인가요? 소크라테스는 자식을 어떻게 교육시켜야 한다고 했나요?(50~51, 205~206쪽)

⑪ 여러분이 생각하는 진리(참된 도리)는 무엇인가요? '진리'가 무엇이기에 소크라테스는 목숨조차 두려워하지 않았나요?(121~122, 124~125, 127, 132쪽)

⑫ 여러분은 영혼의 존재를 믿나요? 믿는다면, 또 믿지 않는다면 왜 그런가요? 소크라테스가 지혜의 힘을 발휘하도록 도운 '다이모니온'은 무엇인가요?(115~118, 146~147쪽)

소크라테스의 제자 플라톤

플라톤은 아테네의 유력한 귀족 집안 출신이다. 그는 펠로폰네소스 전쟁 초기인 기원전 427년에 태어났다. 성년 나이인 열여덟 살에 이르자 공적인 생활에 큰 관심을 가졌고, 조금 더 지나 소크라테스를 만났다. 당시 아테네 시민을 교육하는 데 가장 큰 역할을 하고 있던 비극 창작에 많은 시간을 들였다.

하지만 그의 비극 작품은 지금 하나도 남아 있지 않다. 그 스스로 몽땅 불태워버렸기 때문이다. 이는 세 가지를 경험한 것 때문이다. 기원전 404년에 스파르타의 지원을 받아 세워진 30인 참주들의 통치, 다음 해 참주정치를 뒤집고 다시 권력을 잡은 민주주의파의 통치, 그리고 그의 나이 스물여덟(기원전 399년)에 스승인 소크라테스가 사형 판결을 받고 죽임을 당한 경험. 이 세 가지가 그로 하여금 처음부터 다시 시작해야 한다는 생각을 하게 했다. 그는 편지에서

"그때 나는 대단한 현기증을 느꼈다. 마침내 나는 현재 존재하는 모든 정치 제도가 좋지 않다고 확신하게 되었다. 그래서 내가 진정한 철학을 키워나가는 쪽으로 되돌아가고 있다는 것을 알았다"라고 밝혔다.

이렇게 생각한 뒤, 그는 그때까지 자기가 써놓았던 비극 작품을 다 불태우고 스승 소크라테스로부터 배운 철학에 매진했다. 그 결과 그는 인간의 정신사에서 빼놓을 수 없는 헤아림(사유)과 작품을 남겼다. 현대 철학자이자 수학자인 화이트헤드가 "서양철학은 플라톤에 대한 해설이다"라고 했을 정도로 그의 위치는 또렷하다.

플라톤이 철학에 온 힘을 쏟긴 했지만 그는 현실 정치에도 큰 관심을 두었다. 그에게 있어 철학하는 것과 정치 참여 사이에는 조금의 틈도 없었다는 게 더 정확한 말이다. 그는 자신이 생각한 정치 체제를 현실에서 이루어내려 했다. 시칠리아에 있는 시라쿠사(시라쿠스) 궁전으로 가 디오뉘시오스를 만나, 이 군주를 통해 상당히 좋은 나라를 실제로 펼쳐보이려 했다. 그러나 이 군주는 플라톤의 말을 따르지 않고 평판에만 관심이 있었다. 그의 주변에 있던 사람들도 질이 안 좋아, 교묘하게 플라톤을 올가미 속으로 몰아넣어 노예 시장에 팔아버렸다고 한다. 이때 소크라테스 사상을 따랐던 아나케리스라는 사람이 노예가 된 플라톤을 발견해, 돈을 지불하고 그를 노예에서 해방시켜 주었다니, 참 아찔한 순간이었다.

아테네로 돌아온 플라톤은 돈을 갚으려 했으나, 아니케리스는 받지 않았다. 그래서 플라톤은 그 돈으로 아카데모스의 신전 근처에 있는 정원을 사서, 그곳에 그 유명한 '아카데미아'를 세웠다(기원전 387년)고 한다. 유럽 최초의 대학은 이렇게 철학자를 노예로부터 해방시킨 돈으로 세워진 셈이다.

노예로 팔려 남은 생을 노예로 살아갈 뻔한 일이 있었음에도, 플라톤은 그 뒤에도 두 번이나 더 시라쿠사에 갔다. 그곳에서 그의 정치철학을 상당한 정도로 현실화한 나라를 만들어내고 싶어서였다. 하지만 361년에 세 번째 간 것을 끝으로 그는 현실 정치에의 꿈은 접고 죽을 때까지 '아카데미아'에서 제자를 가르치는 일에 전념했으며, 347년에 삶을 마감했다.

아카데미아에서 그는 그와 맞먹는 큰 봉우리를 길러냈다. 아리스토텔레스가 그 사람이다. 아리스토텔레스는 당시로선 문화 후진국에 속하는 마케도니아 출신인데, 열여덟에 아테네로 유학 와 플라톤이 세운 아카데미아에서 플라톤이 죽을 때까지 20년간 공부했다.

그는 스승 플라톤을 무척 존경했다. 플라톤에게 바치는 애도시에서 '플라톤은 너무나 고결한 사람이기에 아무나 그를 찬양해서는 안 되고, 그럴 가치가 있는 사람만이 찬양해야 한다'고 했다.

그는 스승을 참으로 존경했지만, 그의 사상은 스승과 약간 그 결을 달리했다. 이것과 관련해 그는 《니코마코스 윤리학》에 학문의 역사에 남는 말을 남겼다.

"플라톤과 진리 둘 다 내가 사랑하는 것이지만, 진리를 더 높이 두는 것이 나의 숭고한 의무이다."

플라톤 역시 그의 제자 아리스토텔레스처럼 생각했을 것이다. 플라톤의 사상도 소크라테스의 사상과 결을 달리한다고 여겨지기 때문이다. 만약 소크라테스가 오래 살아 그런 플라톤을 볼 수 있었더라면 소크라테스는 어떤 마음이었을까? 틀림없이 기뻐했을 것이다. 그 역시 그를 따르는 사람들의 사상을 소크라테스 자신의 사상에 얽어매려 하지 않았기 때문이다. 이게 스승과 제자의 올바른 만남일 것이다. 사실 소크라테스 밑에선 아주 다양한 학파들이 나왔다.

소크라테스 시대 연보

(연도는 모두 기원전임)

490년   마라톤 전투에서 아테네가 페르시아를 물리치다

480년   살라미스 해전에서 아테네를 중심으로 한 그리스 연합군이 페르
                 시아를 물리치다

470(469)년   소크라테스가 태어나다

460년   제1차 펠로폰네소스 전쟁(~445)이 일어나다

458년   아이스킬로스의 〈오레스테아이 3부작〉이 공연되다

450년   알키비아데스가 태어나다―《파르메니데스》의 시대 배경

447년   파르테논 신전 건축이 시작(~432 완공)되다

442년   소포클레스의 〈안티고네〉 공연되다

432년   파르테논 신전이 완성되다―《프로타고라스》,《알키비아데스》의
                 시대 배경

431년   포티다이아가 아테네에 반기를 들다
                 소크라테스가 포티다이아 원정에 병사로 참전하다
                 투퀴디데스가《펠로폰네소스 전쟁사》집필을 시작하다
                 에우리피데스의 〈메데이아〉가 공연되다
                 제2차 펠로폰네소스 전쟁(~403)이 일어나다
                 페리클레스가 유명한 '전사자 추모 연설'을 하다

429년   소크라테스가 포티다이아에서 전투를 마치고 아테네로 돌아오다
                 소포클레스의 〈오이디푸스 왕〉이 공연되다
                 페리클레스가 전염병으로 죽다

427년   플라톤이 태어나다

424년   소크라테스가 델리온 전투에 병사로 참전하다

423년	아리스토파네스의 희극 〈구름〉이 공연되다
	에우리피데스의 〈탄원하는 여인들〉이 공연되다
422년	소크라테스가 암피폴리스 전투에 병사로 참전하다
416년	소크라테스의 아들 람프로클레스가 태어나다―《향연》의 시대 배경
411년	아테네 정변으로 400인 과두정이 수립되다
410년	아테네가 민주정으로 복귀하다
	소크라테스의 아들 소프로니스코스가 태어나다
406년	아테네가 아르기두사이 전투에서 스파르타에 승리하다
	이 전투에 참전했던 장군들 10명이 전투 후 생존자 구출을 안 했다는 이유로 재판에 회부되고, 이 때 소크라테스는 최초로 관직을 맡았는데 이 재판의 의장단이 되었다. 이 재판에서 10명은 집단적으로 사형 선고를 받았는데, 소크라테스만 반대 투표를 하여 10명이 개별적으로 재판을 받아야 한다고 주장했다.
404년	아테네가 스파르타에 항복하다
	아테네에 30인 참주정이 수립되고, 소크라테스가 30인 참주들로부터 민주파 장군 레온을 체포해 오라는 명령을 받았으나 거부했다.
403년	아네테에 30인 참주정이 붕괴되고 민주주의가 회복되다
	아테네 의회가 사면령을 발표하다
402년	소크라테스의 아들 메넥세노스가 태어나다
401년	소포클레스의 〈콜로노스의 오이디푸스〉가 공연되다
399년	소크라테스가 재판을 받고 처형되다―《변론》, 《크리톤》, 《파이돈》의 시대 배경
389년	플라톤이 아카데미아 학원을 창설하다
386년	아리스토텔레스가 태어나다
347년	플라톤이 죽다

참고문헌

도널드 케이건 지음, 허승일, 박재욱 옮김,《펠로폰네소스 전쟁사》, 까치,
　　2006.

박종현 역주,《에우티프론, 소크라테스의 변론, 크리톤, 파이돈—플라톤의
　　네 대화 편》, 서광사, 2003.

박홍규 지음,《형이상학 강의 2》, 민음사, 2004.

박홍규 지음,《희랍 철학 논고》, 민음사, 2007.

배터니 휴즈 지음, 강경이 옮김,《아테네의 변명—소크라테스를 죽인 아테
　　네의 불편한 진실》, 옥당, 2012.

버트런드 러셀 지음, 최민홍 번역,《서양철학사》, 집문당, 1988.

아리스토파네스 지음, 천병희 옮김,《아리스토파네스 희극》, 단국대학교 출
　　판부, 2000.

안광복 풀어씀,《소크라테스의 변명, 진리를 위해 죽다》, 사계절, 2004.

앤토니 앤드류스 지음, 김경현 옮김,《고대 그리스사》, 이론과실천, 1991.

요한네스 힐쉬베르거 지음, 강성위 옮김,《서양철학사》, 이문출판사, 1983.

천병희 옮김,《소포클레스 비극 전집》, 숲, 2008.

크세노폰 지음, 최현순 옮김,《소크라테스 회상》, 범우, 2015.

키토 지음, 김진경 옮김,《그리스 문화사》, 탐구당, 1998.

투퀴디데스 지음, 천병희 옮김,《펠로폰네소스 전쟁사》, 숲, 2011.

플라톤 지음, 강성훈 옮김,《프로타고라스》, 이제이북스, 2011.

플라톤 지음, 강철웅, 김주일, 이정호 옮김,《편지들》, 이제이북스, 2009.

플라톤 지음, 김인곤 옮김,《고르기아스》, 이제이북스, 2011.

플라톤 지음, 김주일, 정준영 옮김,《알키비아데스 1, 2》, 이제이북스, 2007.

플라톤 지음, 천병희 옮김, 《소크라테스의 변론, 크리톤, 파이돈, 향연》, 숲, 2012.

호메로스 지음, 천병희 옮김, 《일리아스》, 단국대학교 출판부, 1996.

Benjamin Jowett, *The Dialogues of Plato*, The University of Chicago, 1971.

Schleiermacher, *Des Sokrates Verteidigung, Phaidon*, Jazzybee Verlag, 2012.

Xenophon, David Konstan, *Apology*, Bryn Mawr Commentaries, 1987.